Handbuch der
GARTENVÖGEL

Titel der Originalausgabe
The Garden Bird Handbook
Zuerst veröffentlicht 2003 in England von New Holland Publishers (UK) Ltd,
Garfield House, 86-88 Edgware Road, London W2 2EA

Copyright für den Text © 2003 by Stephen Moss
Copyright für die Fotos © 2003 by David M. Cottridge und anderen Fotografen wie auf Seite 160 angegeben
Copyright für die Gestaltung © 2003 by New Holland Publishers (UK) Ltd
Copyright © 2003 by New Holland Publishers (UK) Ltd

Deutsche Erstausgabe

Copyright © 2003 der deutschen Übersetzung by
Verlagsgruppe Weltbild GmbH, Steinerne Furt, 86167 Augsburg

Layout und Design: Alan Marshall und Gulen Shevki
Lektorat: Lorna Sharrock, Gareth Jones und Tim Sharrock
Fotos: alle von David M. Cottridge mit Ausnahme der auf Seite 160 aufgeführten
Illustrationen: David Daly mit Ausnahme der auf Seite 160 aufgeführten
Koordination und Bearbeitung der deutschen Ausgabe:
NEUMANN & NÜRNBERGER, Leipzig
Übertragung ins Deutsche: Regina van Treeck, Leipzig
Umschlaggestaltung: Renate Lehmacher, Atelier Lehmacher, Friedberg (Bay.)
Umschlagmotive: Gordon Langsbury, David Cottridge
Gesamtherstellung: Times Offset Printers, Batu Tiga, 40000 Shah Alam, Selangor Darul Ehsan

Printed in Malaysia

ISBN 3-8289-1666-x

Einkaufen im Internet: *www.weltbild.de*

Stephen Moss

Handbuch der
GARTENVÖGEL

Anlocken, bestimmen und beobachten

Weltbild

Inhalt

Natur- und Vogelschutz

Zum Schutz der Natur gibt es neben länderübergreifenden Projekten internationaler Organisationen auch wichtige Aktivitäten nationaler Naturschutzverbände. Diese Verbände beschäftigen sich vor allem mit dem Biotop- und Artenschutz. Bei uns sind das beispielsweise der Bund für Umwelt und Naturschutz Deutschland (BUND), der Naturschutzbund Deutschland (NABU) und speziell für den Vogelschutz die staatlichen Vogelschutzwarten. In Großbritannien führend ist der gemeinnützige Verband *The Wildlife Trusts*, der seit 1912 auf allen Gebieten des Naturschutzes arbeitet. Er hat über 382 000 Mitglieder, die sich dem Schutz und der Erhaltung der Wildfauna auf den britischen Inseln verschrieben haben. Sie betreuen landesweit fast 2500 Naturschutzgebiete, die von Feuchtgebieten und Torfmooren bis zu Heidelandschaften, küstennahen Biotopen, Waldungen und Wildblumenwiesen reichen.

Der Schutz der Natur und in unserem Fall der Vogelfauna ist jedoch nicht nur Angelegenheit von Organisationen und Institutionen, sondern liegt in der Hand jedes Einzelnen. Wie das

Links und oben: *Vogeltränken* (links) *und Futtergeräte wie diese Futterglocke für Meisen* (oben) *sind nur zwei aus einer Vielzahl von Möglichkeiten Vögel in einen Garten zu locken.*

vorliegende *Handbuch der Gartenvögel* zeigt, beginnt Naturschutz bereits im eigenen Garten, werden Gärten heute immer mehr zum Rettungsanker für Vögel und andere wild lebende Tiere.

Das *Handbuch der Gartenvögel* von Stephen Moss ist ein umfassender Naturführer zum Anlocken, Bestimmen und Beobachten von Gartenvögeln. In den einzelnen Kapiteln finden Sie Vorschläge zur Gestaltung vogelfreundlicher Gärten, praktische Hinweise zur Bekämpfung von Schädlingen, Wissenswertes über das Verhalten der Vögel im Allgemeinen und über die gefiederten Gartengäste, denen Sie im Verlauf eines Jahres begegnen können, sowie ein reizvoll illustriertes Verzeichnis häufig oder auch seltener auftretender Gartenvögel.

Der Autor möchte die Leser dieses Buches anregen ihren Beitrag zum Schutz und zur Erhaltung der Vogelwelt zu leisten und so mitzuhelfen, die Fehler der Vergangenheit zu kompensieren.

Wir hoffen, dass Ihnen die Entdeckung der Vögel in Ihrem Garten viel Freude bereitet.

Einführung

Das Beobachten von Gartenvögeln ist ein Hobby, das inzwischen immer mehr Anhänger findet; in Großbritannien beispielsweise ist das „Bird-watching" beliebter als Fußball und Angeln. Dort beschäftigen sich zwei von drei Personen mindestens einmal in der Woche damit. Wenn Sie dieses Buch gekauft, ausgeliehen oder als Geschenk erhalten haben, sind Sie vielleicht schon auf dem besten Weg sich den Liebhabern dieser Freizeitbeschäftigung anzuschließen.

Das Interesse an Gartenvögeln

Vögel im Garten zu füttern gehört zu den beliebtesten Hobbys. Damit kann sich jeder Mensch beschäftigen, ganz gleich, ob jung oder alt, wo er wohnt und ob er viel oder wenig über die Vögel weiß. Millionen Menschen finden Freude daran und lassen sich von den Tieren bezaubern, und das Wesentliche daran ist, dass diese Freizeitbeschäftigung für die Vögel selbst eine lebenswichtige Sache darstellt.

Der britische Fernsehmoderator Chris Baines, Autor und Guru auf dem Gebiet der städtischen Wildfauna, bezeichnet die Privatgärten seines Landes zu Recht als „das größte Naturschutzgebiet Großbritanniens". Diese Gärten gehören zudem zu den wichtigsten ökologischen Reserven, obwohl sie bis vor kurzem von britischen Wissenschaftlern und Umweltschützern, die die großartigeren Lebensräume und selteneren Arten zu bevorzugen scheinen, meistens ignoriert wurden.

Inzwischen hat sich all das geändert. In den zurückliegenden Jahren wurde deutlich, dass die auf hohe Erträge ausgerichteten Anbaumethoden in der Landwirtschaft, der Straßenbau und das Herunterwirtschaften von Grund und Boden die Lebensräume der wild lebenden Tiere immer mehr eingeschränkt haben. Diese Entwicklung ist nicht allein in unserem Land zu beobachten. Die oben genannten Faktoren haben beispielsweise einen Großteil des ländlichen Großbritanniens, unter dem Aspekt der Lebensbedürfnisse der Wildfauna betrachtet, zu einer unfruchtbaren Wüste gemacht. Heute sind dort selbst überall vorkommende Arten wie Star, Singdrossel und Haussperling bedroht.

Links: Eine große Futtersäule lockt Finken, Meisen und eine Vielzahl anderer Vogelarten an.

Oben: Zaunkönige gehören zu den häufigsten Vogelarten und sind in den meisten Gärten anzutreffen. Allerdings sieht man die kleinen Tiere nicht immer ohne weiteres.

Rechts: Mönchsgrasmücken trifft man im Garten immer öfter an, besonders im Winter, wenn sie sich an Beeren gütlich tun.

In einer Wüste muss es Oasen geben – und genau das sind unsere Gärten. Auf der Suche nach Futter, Wasser und nach Orten, die Schutz und Nistmöglichkeiten bieten, ist die Wildfauna aus den ländlichen Gebieten in unsere Gärten gekommen. Daher bevölkern in manchen Gebiete wahrscheinlich mehr Vögel und andere wild lebende Tiere die Gärten als in der umliegenden „freien Natur" zu finden sind – unabhängig davon, ob Sie auf dem Land, in der Vorstadt oder direkt in der Stadt wohnen. Überdies gibt es kaum einen Lebensraum, in dem Vögel auf engerem Raum brüten und mehr Nachwuchs großziehen als in unseren Gärten.

Oben: *Singdrosseln mögen Schnecken. Sie schlagen deren Häuser an einer harten Unterlage wie an einem Amboss auf und ziehen dann den Leckerbissen heraus.*

Unten: *Zeisige, einst seltene Gartenvögel, sind in den letzten Jahren in vielen Gärten häufige Besucher geworden.*

Hier kommen nun *Sie* zum Zuge. Pflanzen Sie die richtige Mischung aus Bäumen, Sträuchern und Blühpflanzen; legen Sie einen kleinen Teich an; hängen Sie Nistkästen auf und, was das Wichtigste ist, sorgen Sie regelmäßig für Futter und Wasser. Sie tragen so zum Überleben einiger der bekanntesten und beliebtesten Vögel bei. Gleichzeitig helfen Sie anderen wild lebenden Tieren wie Igeln, Nachtfaltern und Fröschen, die man seltener zu Gesicht bekommt. Schließlich wird Ihnen diese Beschäftigung sehr viel Freude bringen. Scheuen Sie sich also nicht und treten Sie in unseren Klub ein!

Ausflug in die Geschichte

Nach James Fisher, einem bedeutenden Ornithologen des zwanzigsten Jahrhunderts, stammt das erste dokumentierte Beispiel dafür, dass der Mensch Vögel füttert, aus dem sechsten Jahrhundert n. Chr. Damals hatte St. Serf of Fife ein Rotkehlchen gezähmt, das ihm das Futter sogar aus der Hand pickte. Fisher vertrat die Auffassung, dass die Menschen die Gepflogenheit ihre kärgliche Nahrung mit den Vögeln zu teilen das ganze Mittelalter hindurch beibehielten und dass dies im viktorianischen Zeitalter ein als selbstverständlich geltendes soziales Ritual war. Die scherzhafte Bezeichnung der englischen Briefträger als „Rotkehlchen" und die Darstellung des Rotkehlchens auf den Weihnachtskarten der spätviktorianischen Zeit weisen auf eine enge Beziehung zwischen Menschen und Vögeln hin.

Zur gleichen Zeit beschäftigte sich in Deutschland Freiherr von Berlepsch eifrig mit dem Gedanken, Schadinsekten zu bekämpfen, indem man einfach Vögel mit Futter und Nistplätzen anlockte. Das war bereits organischer Gartenbau ein Jahrhundert vor seiner Zeit!

In den Sechzigerjahren des zwanzigsten Jahrhunderts bezeichnete Fisher in seinen Büchern das Füttern von Gartenvögeln als „big business", während nach Einschätzung seines Berufskollegen Richard Fitter im strengen Winter von 1962/63 „die Hausfrauen Großbritanniens vielleicht das Leben von mindestens einer Million Vögel gerettet haben". Er führte damals 40 Arten an, die sich an den Futterstellen in Gärten einfanden. Heute liegt diese Zahl weit über 100. Fisher beschrieb seinerzeit den Zeisig als „an Futterplätzen bislang fast unbekannt". Dieser Vogel ist inzwischen in vielen Gärten ein häufiger und regelmäßig erscheinender Gast.

In Deutschland gibt es zahlreiche Institutionen zur Erforschung und zum Schutz der Vogelwelt (siehe Adressen). Doch Förderung und Schutz der Vögel liegen hier wie in anderen Ländern auch in der Hand jedes Einzelnen. In den 1990-er Jahren haben in Großbritannien die anhaltenden Bemühungen der Wildlife Trusts, der Royal Society for the Protection of Birds (RSPB) und des British Trust for Ornithology (BTO), insbesondere deren Programm zur Beobachtung von Gartenvögeln (siehe *Verhalten der Gartenvögel*) sowie ein umfangreiches Angebot an Futtermitteln und Futtergeräten das Fördern von Gartenvögeln etwas in den Vordergrund gerückt. Selbst das renommierte Radioprogramm *Today* der BBC beteiligte sich und machte das Große Programm der RSPB zur Beobachtung von Gartenvögeln allgemein bekannt.

Heute ist das Fördern und Beobachten von Gartenvögeln populärer als je zuvor, und das Buch wird dabei allen Interessierten gute Dienste leisten.

Zur Arbeit mit dem Buch

Mit dem *Handbuch der Gartenvögel* wird der Versuch unternommen, das Anlocken, die Beobachtung und die Bestimmung der Vögel, die Ihren Garten besuchen, umfassend darzustellen. Das Buch besteht aus acht Kapiteln, die alle Aspekte der Gestaltung eines möglichst vogelfreundlichen Gartens behandeln und Ihnen helfen sollen, einen Garten in diesem Sinne voll zu nutzen. Es geht also um folgende Themen:

- **Die wichtigsten Voraussetzungen** – ein Überblick über alles, was man zum Anlocken von Vögeln tun muss.
- **Vogelfreundliche Gärten** – drei Vorschläge von der einfachen Variante mit einem Minimum an Kosten und Aufwand über die erweiterte bis zur fortgeschrittenen Gartenvariante.
- **Das Verhalten der Gartenvögel** – ein Leitfaden zu den verschiedenen gewöhnlichen und ungewöhnlichen Verhaltenstypen, die Ihnen beim Beobachten der Gartenvögel begegnen.
- **Gartenvögel im Jahreslauf** – das Kommen und Gehen der Vögel in den zwölf Monaten eines Jahres.
- **Schutzmaßnahmen** – eine Anleitung zum Umgang mit Schädlingen und Räubern.
- **Vogelbestimmung im Garten** – ein illustrierter Leitfaden zu 50 häufig auftretenden Arten, 30 selteneren Besuchern und Vögeln, die vielleicht Ihren Garten überfliegen, mit Hinweisen und Tipps zur Bestimmung und mit anderen brauchbaren Informationen.
- **Vogelfreundliche Pflanzen** – eine Auswahl von Pflanzentypen und -arten, die Vögel anlocken und für Ihren Garten vielleicht in Betracht kommen.

Es gibt kein Buch, das Ihnen alles Wissenswerte zum Thema Gartenvögel vermitteln kann. Ich hoffe jedoch, dass ich Ihnen die ersten notwendigen Schritte zeigen, Ihnen bei diesem oder jenem Bestimmungsproblem helfen und, was das Wichtigste ist, Sie anregen kann, einen Garten zu schaffen, in dem sich viele Vögel wohl fühlen. Ich wünsche Ihnen viel Glück und Erfolg!

Oben: Amseln suchen gern auf offenen Rasenflächen nach Futter, wo öfter saftige Regenwürmer zu finden sind. Dieser Vogel hat tüchtig damit zu tun seine Beute aus dem Boden zu ziehen.

Unten: Obstbäume ziehen im Frühjahr mit ihren Blüten eine Menge Fliegen, Schmetterlinge, Bienen und andere Insekten an. Die Insekten wiederum locken Vögel in Ihren Garten. Auch wenn manche „fremden" Gewächse ebenfalls Insekten anziehen, sollten Sie nach Möglichkeit einheimische Arten pflanzen.

Die wichtigsten Voraussetzungen

Wenn Sie mit Erfolg Vögel in Ihren Garten locken und auch zum Bleiben veranlassen wollen, müssen Sie einfach für einige wesentliche Voraussetzungen sorgen. Das sind, ihrer Bedeutung nach geordnet, folgende Punkte: Futter, Wasser, Nistplätze, Schutz und Sicherheit.

Futter und Futtergeräte

Vögel brauchen Futter um am Leben zu bleiben. Versorgen Sie diese Tiere das ganze Jahr über regelmäßig und zuverlässig mit nahrhaftem Futter, tun Sie sehr viel für das Überleben und die Fortpflanzung der Vögel und nützen somit nicht nur den gefiederten Sängern, die gerade Ihren Garten bevölkern, sondern auch kommenden Vogelgenerationen. Eine Blaumeise mit einer Körpermasse von 8 – 10 Gramm braucht zum Überleben täglich 2 – 3 Gramm Futter.

Sie werden feststellen, dass die Vögel auf ihrem Rundflug in der Nachbarschaft Zwischenstation in Ihrem Garten machen, wenn sie wissen, dass es da etwas zu Fressen gibt. Die Anwesenheit einiger weniger Vögel lockt stets weitere Besucher an, und im Handumdrehen haben Sie von früh bis spät ein Schnellrestaurant für gefiederte Gäste zu bewirtschaften.

Sie können den Vögeln selbstverständlich auch mit natürlichen Futterquellen helfen, indem Sie Samen und Beeren tragende Pflanzen oder Insekten anlockende Gewächse in Ihren Garten setzen. Suchen Sie zu diesem Zweck unterschiedliche, vor allem einheimische Pflanzen aus, denn diese eignen sich in der Regel besser als Nahrungsspender.

Vogeltränke und Teich

Wasser ist für viele Arten fast so wichtig wie das Futter selbst. Das trifft insbesondere für jene Vögel zu, die sich von Samen und anderem trockenen Futter ernähren. Eine Vogeltränke wird sich rasch zum Mittelpunkt eines jeden vogelfreundlichen Gartens entwickeln, da sie frisches, sauberes Wasser zum Trinken und Baden bietet. Sie ist besonders wichtig während der sommerlichen Trockenheit und in kalten Wintern, wenn andere Wasserquellen nur schwer zu finden sind. Auch ein Gartenteich ist ein wichtiges Element, denn er zieht eine weit größere Vielzahl gefiederter Gäste an, die nun nicht nur zum Fressen und Trinken, sondern alle auch zum Baden kommen.

Links: Rotkehlchen gehören zu den bekanntesten und beliebtesten Vögeln in unseren Gärten. Sie ernähren sich im Winter oftmals von saftigen Beeren, die sie vor allem in ausgedehnten futterarmen Frost- und Schneeperioden mit der nötigen Energie versorgen.

Oben und rechts: Fördern Sie die Vögel in Ihrem Garten, indem Sie ihnen Nistmöglichkeiten wie diesen Kasten für eine Kohlmeise und deren Nachkommenschaft (oben) und eine Vogeltränke aufstellen, in der hier gerade eine Taube (rechts) badet.

Oben: Der seltene Seidenschwanz frisst gelegentlich auch Falläpfel und anderes Fallobst, bevorzugt in der Regel aber Beeren.

Unten: Der Grauschnäpper ist in großen ländlichen Gärten mit vielen Blühpflanzen anzutreffen, die Insekten, seine Hauptnahrung, anlocken. Er hält sich vom Mai bis zum August oder frühen September als Sommergast in Europa auf.

Nisthilfen

Der Sinn der Existenz eines Vogels besteht wie auch bei allen anderen Lebewesen darin sich fortzupflanzen, d. h. eine Familie zu gründen und seine Gene an eine neue Generation weiterzugeben. Gerade für so kleine Vögel wie Rotkehlchen oder Zaunkönige spielt die Fortpflanzung eine wichtige Rolle; brüten sie in einem Jahr nicht, dann kommen sie aufgrund ihrer nur kurzen Lebenserwartung vielleicht nie wieder dazu.

Wie beim Futterangebot können Sie die Vögel auch hier auf zweierlei Art fördern, indem Sie Sträucher, Büsche und Bäume pflanzen, die den Tieren Nistmöglichkeiten bieten, und Nistkästen aufstellen. Das ist leichter als es klingt, denn einfache Nistkästen, die bei entsprechender Pflege viele Jahre lang halten, bekommt man schon für wenig Geld zu kaufen. Nistkästen können Sie natürlich auch ohne Probleme selbst bauen (siehe S. 30).

Schutz und Sicherheit

Vögel brauchen auch Plätze zum Ausruhen, vor allem bei Nacht, wenn sie mit ihren Artgenossen zusammenrücken um sich zu wärmen und ungestört schlafen zu können. Auch hier können Sie helfend eingreifen, indem Sie Gewächse mit dichtem Blätterkleid pflanzen und ihren Garten für die gefiederten Gäste möglichst sicher machen. Ist Ihr Grundstück eine Oase für Katzen und Elstern, werden Sie mitunter das Gefühl haben einen aussichtslosen Kampf zu führen. Das ist jedoch kein Grund zum Verzweifeln, denn selbst der entschlossenste Räuber lässt sich auf irgendeine Weise abschrecken. Auch Krankheiten sind eine Gefahr für das Leben der Vögel. Deshalb sind besonders an den Futterstellen Hygiene und Sauberkeit wichtig.

Freude als Lohn

Dieser letzte Punkt betrifft eher Sie und Ihre Familie als die Vögel. Es hat nämlich nur wenig Sinn, Zeit, Geld und Mühe in einen Fünf-Sterne-Service für die Vögel im Garten zu investieren, wenn Sie nichts davon haben. Denken Sie bei der Planung eines vogelfreundlichen Gartens also auch daran, dass Sie das Ganze nicht nur zum Nutzen der Vögel, sondern auch für sich anlegen. Achten Sie nicht nur darauf, dass Futterhaus, Futtersäulen und Nistkästen am richtigen Platz stehen, sondern prüfen Sie auch, ob Sie selbst an Ihrem bevorzugten Beobachtungsplatz (vielleicht von der Gartenbank oder vom Küchenfenster aus) freie Sicht darauf haben. Lehnen Sie sich zurück und genießen Sie Darbietungen, die durchaus mit den großartigsten Schauspielen der Naturgeschichte wetteifern können. Sie werden eine einzigartige Szenerie erleben, in der sich quicklebendige Vögel in einer von Ihnen geschaffenen Umgebung wohl fühlen.

Futter und Futtergeräte

Für das Füttern der Vögel im Garten gibt es drei wichtige Gründe. Erstens hilft es den einzelnen Vögeln zu überleben und erleichtert den gefiederten Geschöpfen das Leben ein wenig. Zweitens bietet man den Tieren eine Zufluchtstätte und trägt so dazu bei, in einer Zeit, da die Populationen vieler häufig vorkommender Arten immer schwächer werden, eben diese Entwicklung aufzuhalten oder gar umzukehren. Der letzte und gewiss nicht geringste Grund ist das Vergnügen und die Freude, die solcherart geförderte Gartenvögel Ihrer Familie und Ihren Freunden das ganze Jahr über bereiten.

Die Winterfütterung ist für das Überleben der Vögel wichtig, denn ohne die Energie, die das Futter spendet, bleiben die Tiere einfach nicht lange genug am Leben um im Folgejahr brüten zu können. Aber auch im Frühjahr und im Sommer brauchen die Vögel Ihre Hilfe, damit sie nicht nur für ihren hungrigen Nachwuchs, sondern auch für sich selbst ausreichend Futter finden. Haben Sie sich also einmal entschlossen, die Vögel in Ihrem Garten zu füttern, bleiben Sie auch das ganze Jahr über dabei.

Der Hauptgrund dafür, dass Vögel ihr Futter nicht auch anderswo finden, liegt in der modernen Agrarpolitik, die die Lebensräume und Nahrungsquellen für die Wildfauna stark eingeschränkt hat. Um zu überleben, haben viele Vögel den Weg in die Gärten und zu dem Futter gefunden, das wir Ihnen anbieten.

Das Füttern von Gartenvögeln

Heutzutage füttert fast jeder die Vögel in seinem Garten. Umfragen haben ergeben, dass im Durchschnitt mindestens zwei von drei Personen regelmäßig Vogelfutter auslegen. Das Füttern der Gartenvögel ist für einige weitblickende Unternehmer inzwischen zu einem einträglichen Geschäft geworden; sie liefern heute alles, was Sie für Ihre gefiederten Gartengäste brauchen, per Post direkt bis vor die Haustür.

In Großbritannien werden jährlich schätzungsweise 15 000 Tonnen Erdnüsse – mehr als 30 Milliarden einzelne Nüsse – an Vögel verfüttert. Ganz zu schweigen von der riesigen Menge Körner und sonstiger Futtermittel, die darüber hinaus für die Gartengäste gekauft wird. Verglichen mit den Vereinigten Staaten schätzen sich die Briten allerdings eher als Anfänger ein; die Amerikaner geben nämlich jährlich mehr als zwei Milliarden Dollar für Vogelfutter aus.

Oben: *Blaumeisen suchen regelmäßig Futtergeräte wie diesen mit Erdnüssen gefüllten Hängekorb auf. Das Füttern hilft den Vögeln durch den Spätherbst, den Winter und das zeitige Frühjahr zu kommen.*

Wie füttert man Gartenvögel?

Es gibt zwei grundsätzliche Möglichkeiten die Vögel im Garten zu füttern. Zum einen kann man Beeren tragende Büsche und Sträucher sowie Obstbäume oder auch Gewächse anpflanzen, die Insekten als Vogelfutter anlocken (weitere Informationen siehe Kapitel *Vogelfreundliche Pflanzen*). Zum anderen kann man an unterschiedlich hoch gelegenen Stellen mehrere Futterarten in verschieden geformten Behältern anbieten, die nicht nur eine große Artenvielfalt, sondern überhaupt viele Vögel in den Garten locken sollen.

Haben Sie erst einmal mit dem Füttern begonnen, kommt es darauf an, den Tieren auch weiterhin regelmäßig Nahrung anzubieten, denn die Vögel suchen ihre Futterreviere immer wieder auf. Füllen Sie die Behälter und Futterhaus jedoch nicht zu reichlich, denn das ist Geldverschwendung und zieht möglicherweise Schädlinge wie Ratten und Mäuse an oder führt bei den Vögeln selbst zu Futtermittelvergiftungen.

Zur Bewirtung Ihrer gefiederten Gartengäste brauchen Sie natürlich nicht gleich einen Fünf-Sterne-Service einzurichten. Auch eine einzelne Futterröhre mit Sämereien oder Erdnüssen

lockt schon Vögel an, und Sie können das Angebot später durch weitere Futtergeräte und Futterarten immer noch erweitern.

Nicht ganz unwichtig ist, woher Sie das Vogelfutter beziehen. Kaufen Sie in Zoohandlungen oder bei Markthändlern keine lose Ware ohne Etikett. Solches Futter ist mitunter von schlechter Qualität oder verunreinigt oder gar beides. Verlassen Sie sich am besten auf anerkannte Hersteller, die ihre Erzeugnisse u. a. auch in Gartenmärkten verkaufen.

Einfache Futtergeräte und Futtermittel

Womit beginnt man am besten? Stellen Sie als Erstes zwei oder drei einfache Futterspender mit jeweils einem anderen Futtermittel auf. Der Preis hängt von der Bauart und Größe der Behälter ab. Es lohnt auch die Überlegung, ob man anstelle eines Kunststoffbehälters nicht lieber einen Futterspender aus Metall nimmt, der zwar kostspieliger, in der Regel aber stabiler ist und der Witterung viel länger widersteht.

Futterbehälter gibt es in zwei Grundausführungen – eine aus Drahtgeflecht, die mit Erdnüssen gefüllt wird, und eine andere, röhrenförmige Ausführung aus Kunststoff, die sich für Körner

Links: *Lassen Sie einen Teil Ihres Gartens verwildern, damit die Pflanzen dort mit ihren Blüten scharenweise Insekten anlocken und recht viele Samen bilden.*

Unten links und rechts: *Um eine bunte Vielfalt von Vögeln anzulocken lohnt es, unterschiedliche Futterarten und Futtergeräte auszuprobieren. Der Kleiber* (links) *bevorzugt Erdnüsse, während die beiden Kohlmeisen* (rechts) *mit akrobatischen Künsten an den Talg in der Futterglocke heranzukommen versuchen.*

Oben: *Vorteilhaft sind hängende Vogelhäuschen. Ihr Dach schützt das Futter vor Regennässe. Ratten, Eichhörnchen sowie andere unerwünschte Besucher haben hier keinen Zutritt.*

Oben: *Da Samenkörner ein sehr energiereiches Futter sind, ist die überlebenswichtige Nahrungssuche die Vögel weniger aufwändig. Beim Herauspicken des Futters aus speziell geformten Futtergeräten entwickeln Vögel ein erstaunliches Geschick.*

und Sämereien eignet. Letztere sind mit kleinen Sitzstangen versehen, die den Vögeln die Futterentnahme aus den seitlichen Öffnungen erleichtern.

Lange Zeit wurde das Futterangebot für die Gartenvögel von Erdnüssen bestimmt, die in den letzten Jahren jedoch an Beliebtheit eingebüßt haben. Dafür gibt es zwei Gründe. Zum einen hatte man festgestellt, dass manche Bestände mit Aflatoxin, einer für Vögel giftigen Substanz, verunreinigt waren. Zum anderen sind die als Basisfutter gut geeigneten Erdnüsse weniger energiereich als Sonnenblumensamen. Bieten Sie den Vögeln sowohl diese Samen als auch Erdnüsse an, werden Sie meistens feststellen, dass Ihre Futtergäste die Sonnenblumensamen bevorzugen – besonders dann, wenn diese noch an den getrockneten Blütenköpfen sitzen. Sie weisen einen hohen Ölgehalt auf und eignen sich daher ausgezeichnet als Energielieferanten.

Auch wenn es zunächst kostspielig erscheinen mag, lohnt es doch Erdnüsse, Sonnenblumensamen und Körner en gros zu

kaufen. Damit können Sie in der Regel eine Menge Geld sparen. Bewahren Sie das Futter zum Schutz vor Mäusen möglichst in einem Kunststoffgefäß auf und stellen Sie dieses an einen kühlen, trockenen Platz.

Hängen Sie die Futtergeräte an einen Baum, an einen Pfosten oder ans Vogelhaus oder setzen Sie sie freistehend auf hohe Pfähle, so dass sie für Ratten, Katzen und Eichhörnchen nicht zu erreichen sind. Probieren Sie verschiedene Stellen und Methoden aus, bis Sie eine gefunden haben, die den Vögeln besonders zuzusagen scheint.

Gibt es in Ihrer Umgebung viele Eichhörnchen, sollten Sie eine entsprechend gesicherte Futterstelle einrichten. Dafür eignet sich recht gut ein Erdnussbehälter aus Drahtgeflecht, der von einem Gitter umgeben ist, durch das nur Meisen und andere Kleinvögel, nicht jedoch größere Vögel oder Katzen passen. Das Problem hierbei ist, dass die kleinen Futtergäste vielleicht Scheu haben, sich in den vermeintlichen Käfig zu begeben.

Oben: *Die Hersteller von Vogelfutter haben eine ganze Reihe spezieller Futterarten und -formen entwickelt. Dieser Futterkolben enthält energiereichen Talg, Samenkörner und sogar Insekten.*

Futter für Spezialisten

Sie werden Ihren gefiederten Gästen nach einiger Zeit vielleicht auch exotischeres und ungewöhnlicheres Futter anbieten wollen um eine größere Vielfalt von Vogelarten in Ihrem Garten zu versammeln. Probieren Sie es zunächst einmal mit den Samen des auch Nigersaat genannten Gingellikrautes, eines Korbblütlers, dessen ölhaltige Früchte besonders den Stieglitzen zu schmecken scheinen.

Auch Futterkolben oder -ringe eignen sich sehr gut; sie bestehen aus energiereichem Fett, dem mitunter Insekten beigemischt sind, und locken Insektenfresser wie das Rotkehlchen und die Mönchsgrasmücke an.

Mehlwürmer und Larven der Wachsmotte finden ebenfalls ihre Liebhaber. Sie sind zwar recht teuer, hinterlassen dafür aber praktisch keine Abfälle und werden von Rotkehlchen, Heckenbraunellen und Eichelhähern gern gefressen. Schütten Sie die Würmer einfach in eine Schale mit glattem Rand, damit sie sich nicht auf und davon machen können, und beobachten Sie die Ankunft der Vögel.

Für Vögel geeignetes Futter

Unten: *Um eine möglichst große Artenvielfalt in Ihren Garten zu locken müssen Sie für eine gute Futterauswahl sorgen.*

Brot und gekochter Reis locken Stare und viele andere Vogelarten an.

Sonnenblumensamen sind energiereich und daher ideal für alle kleinen Vögel wie Meisen und Finken.

Erdnüsse und Samen werden gern von Meisen, Finken und Sperlingen sowie von vielen anderen kleinen Vögeln gefressen.

Für den Stieglitz und andere Futterspezialisten gibt es viele verschiedene Kleinsämereien zu kaufen.

Äpfel sind bei Amseln und anderen Arten aus der Familie der Drosseln beliebt.

Das Futterhaus

Ein vogelfreundlicher Garten ohne Futterhaus ist wie ein Theater ohne Bühne. Eine solche Futterstelle bildet einen wichtigen Mittelpunkt, der Ihnen die Möglichkeit gibt die gefiederten Gäste mit einem breiteren Nahrungsangebot zu bewirten und eine ganze Reihe Vogelarten anzulocken, die sonst nur selten an die anderen Futtergeräte kommen.

Ein gut gestaltetes Futterhaus muss einen stabilen Mittelpfosten haben, der entweder frei steht oder ins Erdreich eingelassen ist. Es sollte außerdem mit einem Dach versehen sein, das Regen und Schnee abhält. Manche Futterhausdächer sind allerdings so schlecht konstruiert, dass sie größeren Vögeln den Zugang zum Futter versperren. Die besten Futterhäuser sind mit einer großen Plattform für das Futter ausgestattet, die nur teilweise überdeckt ist, oder haben gar ein abnehmbares Dach, das man bei schönem Wetter komplett entfernen kann.

Sie können ein Futterhaus fertig kaufen oder auch selbst bauen. Die Preise sind so unterschiedlich wie die Bauarten, die von einfachsten Modellen bis zu größeren, stabileren Ausführungen reichen. Ein Futterhaus selbst zu bauen, spart sicherlich ein paar Euro, erfordert jedoch einige Fertigkeiten und kann recht mühsam sein.

Ganz gleich, ob fertig gekauft oder Marke Eigenbau – achten Sie darauf, dass der Pfosten die richtige Stärke für das Gewicht

Oben: Ein Futterhaus sollte den Mittelpunkt eines jeden vogelfreundlichen Gartens bilden. Mit einem vielfältigen Futterangebot darin locken Sie unterschiedliche Vogelarten an.

der Plattform samt Futter hat. Haben Sie schließlich so ein Futterhaus, stellen Sie es im Garten probehalber an verschiedenen Orten auf um herauszufinden, welchen Platz die Vögel bevorzugen. Werden Sie aber nicht ungeduldig – Vögel brauchen stets ein paar Tage um sich an ein Futterhaus zu gewöhnen und scheinen neue Futterstellen am Anfang stets nur zögernd anzunehmen.

Ein Futterhaus hat den großen Vorteil, dass man darin viel abwechslungsreicheres Futter – lose Körner, Reste aus der Küche, altbackenes Brot, Rosinen, Äpfel, selbst geriebenen Käse oder Kleintiernahrung – auslegen kann. Füttern Sie die Vögel jedoch nicht mit schwer verdaulichen Sachen wie ungekochtem Reis oder sehr hartem Brot. An das Futterhaus können Sie außerdem mit Sämereien oder Erdnüssen gefüllte Futtersäulen oder -körbe hängen.

Unabhängig von der Art der Nahrung, die Sie Ihren Gartenvögeln anbieten, müssen Sie die Reste täglich oder zumindest jeden zweiten Tag entfernen. Halten Sie das Futterhaus sauber, indem Sie es alle paar Wochen mit Seife und Wasser abschrubben. So verhindern Sie, dass die Vögel erkranken oder dass sich Ungeziefer einnistet.

Ganzjährige Fütterung?

Noch bis vor kurzem stellten die meisten Menschen, die Vögel mit Futter versorgten, das Füttern im Spätwinter oder im zeitigen Frühjahr ein und begannen dann erst im Herbst wieder damit. Neueste Forschungen haben jedoch ergeben, dass nicht nur der Winter, in dem Vögel aus Mangel an natürlichen Nahrungsquellen verhungern, sondern auch das Frühjahr eine kritische Zeit für diese Tiere ist.

Haben die Vögel Junge zu versorgen, steht für sie an allererster Stelle die Futterbeschaffung. Die meisten Singvögel füttern ihren Nachwuchs mit wirbellosen Tieren wie Raupen und Larven, doch dabei fällt es ihnen oftmals schwer, ausreichend Nahrung für sich selbst zu finden. Wenn Sie also auch während der Brutzeit Futter auslegen (insbesondere zu Beginn dieser Periode, wenn natürliche Futterquellen noch rar sind), helfen Sie den Altvögeln ausreichend Energie aufzunehmen.

Im Hochsommer können Sie das Füttern allmählich reduzieren, denn dann finden die Vögel in der Natur genug zu fressen. Im Herbst, wenn die ersten Fröste auftreten und das natürliche Nahrungsangebot wieder kärglicher wird, sollten Sie die Futtermengen allmählich wieder erhöhen.

Achten Sie im Winter auf die Wettervorhersage und erhöhen Sie die Futtermengen, sobald eine Frostperiode eintritt, vor allem aber dann, wenn der Frost mit Schneefällen einhergeht. Sie werden dann sicherlich feststellen, dass sich die Zahl der gefiederten Gäste erhöht und dass die Vögel ihre Aktivität verstärken. Vielleicht bekommen Sie dabei auch einige scheuere Arten wie den Specht und den Kleiber zu Gesicht.

Vogeltränken und Teiche

Vögel brauchen Wasser zum Trinken und zum Baden. Sie sollten für die Gartenvögel daher eine Vogeltränke (oder zwei) aufstellen, die von den vielen unterschiedlichen Arten Ihrer gefiederten Besucher als zuverlässige und stets verfügbare Wasserquelle genutzt werden kann. Eine weitere Quelle für durstige und badelustige Vögel ist ein Gartenteich. Auch wenn der Teich noch so klein ist – er wird sich rasch zum Anziehungspunkt entwickeln. Ein Gartenteich zieht außerdem eine Vielzahl anderer wild lebender Tiere an, darunter auch Insekten und sonstige Wirbellose, die den Vögeln als Nahrung dienen.

Auswahl und Standort

Nach Futterhaus und Futtergeräten ist der nächst wichtige Ausrüstungsgegenstand in einem vogelfreundlichen Garten eine Vogeltränke. Wählen Sie ein einfaches Modell ohne allzu viel Zierat aus, der den Vögeln nur im Wege ist. Eine große Tränke ist besser als eine kleine. Achten Sie jedoch darauf, dass sie nicht zu tief ist, denn das würde die kleineren Vögel davon abhalten, die Tränke zu benutzen. Eine Vogeltränke sollte idealerweise eine flache und eine tiefe Seite haben, damit sowohl Meisen und Finken als auch Tauben darin baden und ihren Durst stillen können. Es empfiehlt

Unten: Häufige Besucher der Vogeltränke sind Stare, die oftmals in ganzen Scharen ankommen und nacheinander baden oder auch drängeln um der Erste in der Reihe zu sein.

sich ein Wassergefäß mit rauer Oberfläche auszusuchen, damit die Vögel nicht darin ausgleiten.

Setzen Sie die Vogeltränke auf einen Untersatz, direkt auf den Boden oder lassen Sie die Tränke ins Erdreich ein. Sorgen Sie jedoch dafür, dass sie einen Standort erhält, der für flügellose Räuber schwer zu erreichen ist, damit Sie diesen nicht noch zu einem kostenlosen Mahl verhelfen.

Vogeltränken gibt es in Garten- und Baumärkten in unterschiedlichen Ausführungen und Preislagen zu kaufen. Ist die Tränke einmal aufgestellt, wird es genau wie bei einem neuen Futterhaus eine Weile dauern, bis sich die Vögel daran gewöhnt haben. Doch die Tiere werden sie nach kurzer Zeit regelmäßig benutzen. Als preiswerte Variante können Sie eine flache Schüssel zur Vogeltränke umfunktionieren; lassen Sie sie etwas in den Boden ein, damit sie nicht umkippt.

Wechseln Sie das Wasser in der Vogeltränke täglich oder jeden zweiten Tag, damit sich keine Algen oder Bakterien ansiedeln, die bei den Vögeln Krankheiten verursachen. Reinigen Sie das Gefäß regelmäßig alle ein oder zwei Wochen mit einer harten Bürste, mit Seife und Wasser und spülen Sie es nach dem Säubern gründlich aus. Wenn im Winter die Temperaturen unter 0 °C fallen, vergessen Sie nicht das Wasser in der Vogeltränke eisfrei zu halten. Dazu gießen Sie am besten ein- oder zweimal am Tag einen Kessel oder Kochtopf mit heißem Wasser in die Tränke. Das Wasser kühlt rasch ab, und so können die Vögel auch bei Frost ihren Durst stillen.

Oben rechts: *An einer günstig aufgestellten Vogeltränke finden sich Meisen und viele andere Vogelarten zum Trinken und Baden ein. Diese Tränke hat nicht nur einen guten Standort, sondern sieht mit ihrem bemoosten Säulenfuß auch sehr reizvoll aus.*

Rechts: *Die Ringeltaube ist nur eine von den vielen Vogelarten, die ein Gartenteich anlockt. Teiche bieten auch größeren Vögeln wie Tauben die Möglichkeit zum Trinken und Baden.*

Planung eines Gartenteichs

Auch wenn es eine Menge Arbeit und viel Mühe zu bereiten scheint, nützt ein Teich in Ihrem Garten den Vögeln wie auch einer ganzen Schar anderer wild lebender Tiere. Ein gut geplanter und ordentlich gebauter Teich ist für die Vögel eine gesicherte Quelle frischen, sauberen Wassers zum Trinken und Baden; er lockt Insekten und allerlei sonstiges krabbelndes und kriechendes Getier an, die für die Vögel eine reiche Nahrungsquelle sind, und entwickelt sich in kurzer Zeit zu einem Anziehungspunkt in Ihrem Garten.

Das Planen und Anlegen eines Teiches kostet in der Tat etwas Mühe, doch vielleicht wiederum auch nicht so viel wie Sie glauben. Einen mittelgroßen Teich von drei bis fünf Quadratmetern Fläche können zwei oder drei Personen an einem Wochenende fertig stellen. Die Anschaffungskosten für Teichfolie und Wasserpflanzen mögen hoch erscheinen, doch Sie werden staunen, wie schnell Sie die Früchte Ihrer Arbeit genießen können. Innerhalb weniger Monate wird Ihr Teich aussehen, als existiere er schon seit Jahren. Bedenken Sie jedoch, dass nicht nur die Bauarbeiten, sondern auch Pflege und Erhaltung des Teiches Zeit kosten.

Der Standort

Die Entscheidung, wo Sie Ihren Gartenteich anlegen, ist möglicherweise nicht einfach. Der ideale Standort ist eine tief liegende Stelle im Garten, die allerdings nicht so feucht sein darf, dass sich das Umfeld in einen Morast verwandelt. Eine sonnige Lage im Süden oder Westen ist genau das Richtige, denn der Teich braucht Sonne, damit die Pflanzen im Wasser und am Ufer gut gedeihen können. Das Gewässer sollte auch vom Haus aus zu sehen sein, damit Sie die Possen der Vögel und anderer wild lebender Teichbesucher beobachten und sich daran erfreuen können.

Legen Sie den Teich nicht direkt unter einem Baum an. Das herabfallende und verrottende Laub würde das Wasser verschmutzen, und überdies würde der Schatten des Baumes viele Teichpflanzen nur dahinkümmern lassen.

Haben Sie sich für einen Standort entschieden, müssen Sie die Form des Teiches festlegen. Vermeiden Sie eine quadratische oder rechteckige Fläche; wählen Sie lieber eine natürlich wirkende Form. Markieren Sie die vorgesehene Kontur nach Möglichkeit erst mit Pfählen oder einem Wasserschlauch und lassen Sie sich einige Tage Zeit, in denen Sie den Umriss so lange abändern, bis die günstigste Form gefunden ist.

Elemente eines Teiches für wild lebende Tiere

Unten: *Ein kleiner Teich mit den wichtigsten Elementen kann Ihren Garten regelrecht verwandeln, denn er lockt eine größere Artenvielfalt an. Das Anlegen kostet etwas Mühe, die sich jedoch auszahlt.*

Nistkasten

Komposthaufen

Eine unbewachsene Schlammzone lädt die Vögel ein sich zum Trinken niederzulassen.

Kurz gehaltenes Gras ist günstig für Vögel, die ihre Nahrung am Boden suchen.

Wildblumenwiese

Stellen Sie in der Nähe des Teiches eine Bank auf, damit Sie die Vögel beobachten und sich an ihnen erfreuen können.

Totholz eignet sich als Unterschlupf für wirbellose Tiere.

Anlegen des Teiches

Wählen Sie für den Bau am besten ein schönes Herbstwochenende. Das Erdreich darf noch nicht zu hart gefroren sein, da es sich dann nicht mehr bearbeiten lässt. Sie können diese Arbeit auch im März in Angriff nehmen; allerdings muss zu dieser Zeit eventuell noch mit Frost im Boden gerechnet werden.

Wichtig für den Teichbau ist auch die richtige Ausrüstung. Sie brauchen dafür einige Spaten, mindestens eine Schubkarre zum Abtransport des Aushubs sowie Bandmaß und Taschenrechner zum Ausmessen der Teichmulde und zum Berechnen der erforderlichen Menge Teichfolie. Die Folie muss flexibel sein und am besten aus starkem Butylkautschuk bestehen. Sie ist in allen gut sortierten Gartenmärkten, Baumärkten und in Spezialgeschäften erhältlich. Darüber hinaus brauchen Sie ein paar alte Decken, einen alten Teppich oder Zeitungen als Unterlage, die verhindert, dass Steine oder scharfkantige Gegenstände die Folie beschädigen. Schließlich benötigen Sie noch ein scharfes Messer oder eine scharfe Schere, eine Wasserwaage, mit der Sie die horizontale Lage des Teichrandes prüfen, einige Steine oder Grassoden zum Beschweren des Folienrandes und jede Menge Sand, der die ausgelegte Teichfolie bedecken soll.

Legen Sie Ihren Teich in folgenden Arbeitsschritten an:

1. Beginnen Sie mit dem Ausheben des Erdreichs in der Mitte der geplanten Teichfläche. Graben Sie die Mulde mindestens 15 cm tiefer als geplant, damit Sie die Unterlage und die Teichfolie ordentlich einlegen können.

2. Heben Sie die Mulde nicht gleichmäßig tief aus, denn der Teich soll sowohl seichte als auch tiefe Stellen haben. Sie können beispielsweise an den Seiten 30 cm und zur Mitte hin bis 80 cm tief graben, so dass die Wassertiefe später von 15 cm bis 65 cm reicht.

3. Haben Sie die Mulde in der richtigen Größe ausgehoben, rechen Sie die Erde glatt, sammeln alle spitzen Steine und sonstigen scharfkantigen Gegenstände heraus und bedecken die Mulde mit einer dünnen Schicht Sand.

4. Legen Sie eine Decke, ein Stück Teppich oder Zeitungen auf die Sandschicht.

5. Legen Sie auf dieser Unterlage die Teichfolie aus; ziehen Sie sie glatt, ohne aber das Material dabei zu überdehnen. Lassen Sie die Folie an den Rändern 10 – 20 cm weit überstehen und beschweren Sie die Ränder dann mit Ziegeln, Steinen oder Grassoden.

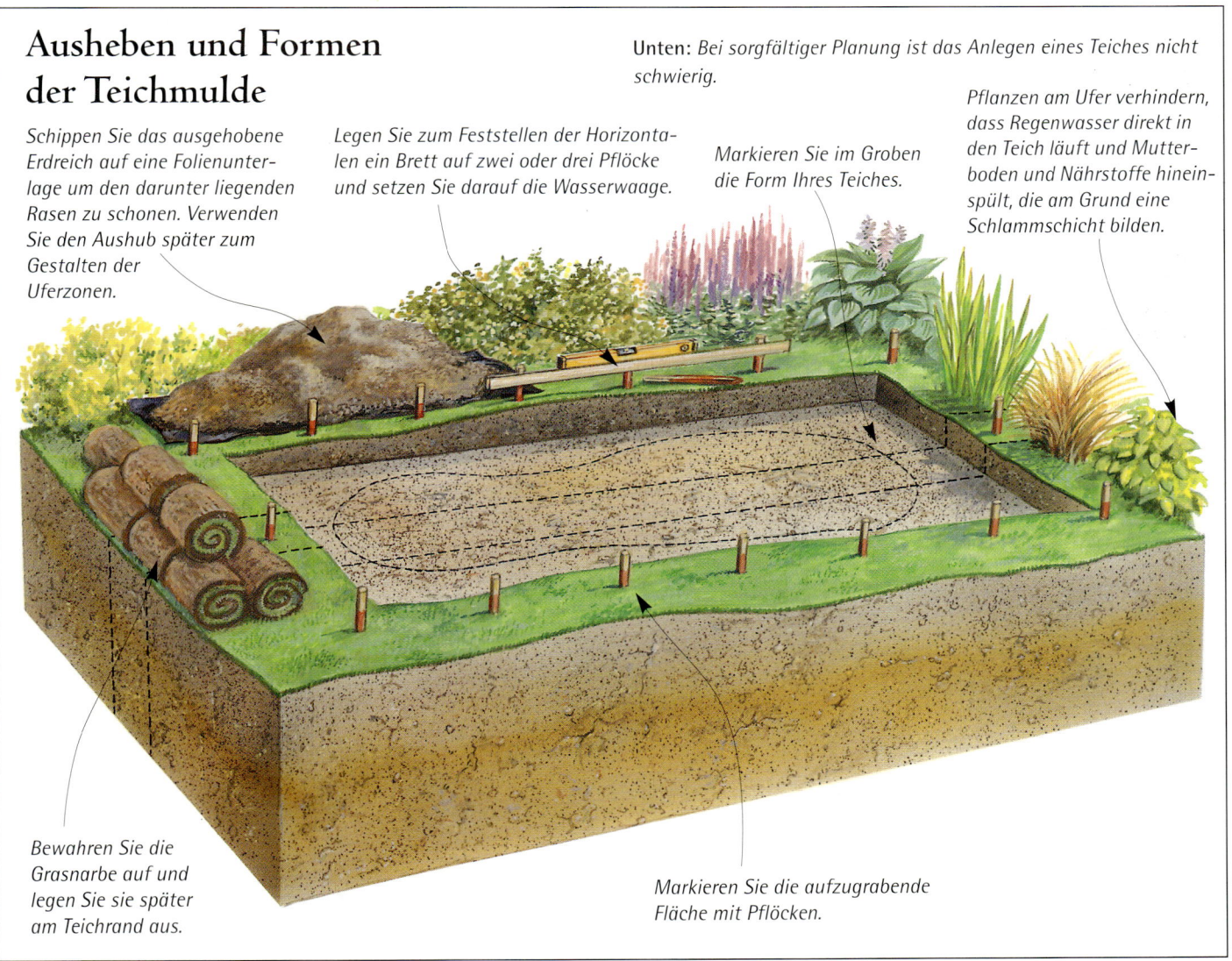

Ausheben und Formen der Teichmulde

Schippen Sie das ausgehobene Erdreich auf eine Folienunterlage um den darunter liegenden Rasen zu schonen. Verwenden Sie den Aushub später zum Gestalten der Uferzonen.

Legen Sie zum Feststellen der Horizontalen ein Brett auf zwei oder drei Pflöcke und setzen Sie darauf die Wasserwaage.

Unten: Bei sorgfältiger Planung ist das Anlegen eines Teiches nicht schwierig.

Markieren Sie im Groben die Form Ihres Teiches.

Pflanzen am Ufer verhindern, dass Regenwasser direkt in den Teich läuft und Mutterboden und Nährstoffe hineinspült, die am Grund eine Schlammschicht bilden.

Bewahren Sie die Grasnarbe auf und legen Sie sie später am Teichrand aus.

Markieren Sie die aufzugrabende Fläche mit Pflöcken.

6. Bedecken Sie die Folie mit einer etwa 10 cm starken Schicht Sand oder Aushub.

7. Füllen Sie die Teichmulde nur langsam mit dem Wasserschlauch, damit die Sand- oder Bodenschicht am Teichgrund nicht aufgewirbelt wird. Achten Sie auf die Bewegung der Teichfolie. Lassen Sie die Folie mit steigendem Wasserspiegel etwas nachrutschen, indem Sie die Ziegel, Steine oder Grassoden leicht anheben, die Ränder dann aber wieder richtig da-mit beschweren. Die Folie muss am Ende genau den Konturen der Teichmulde angepasst sein. Günstiger ist es, den Teich mit Regenwasser voll laufen zu lassen oder mit Wasser aus der Regentonne zu füllen.

8. Gießen Sie zum Schluss einen Eimer Wasser aus dem Gartenteich Ihres Nachbarn zu. Die darin enthaltenen Kleinstlebewesen kurbeln das Leben in Ihrem Teich richtig an, und das Gewässer wird schon bald von wild lebenden Tieren besucht.

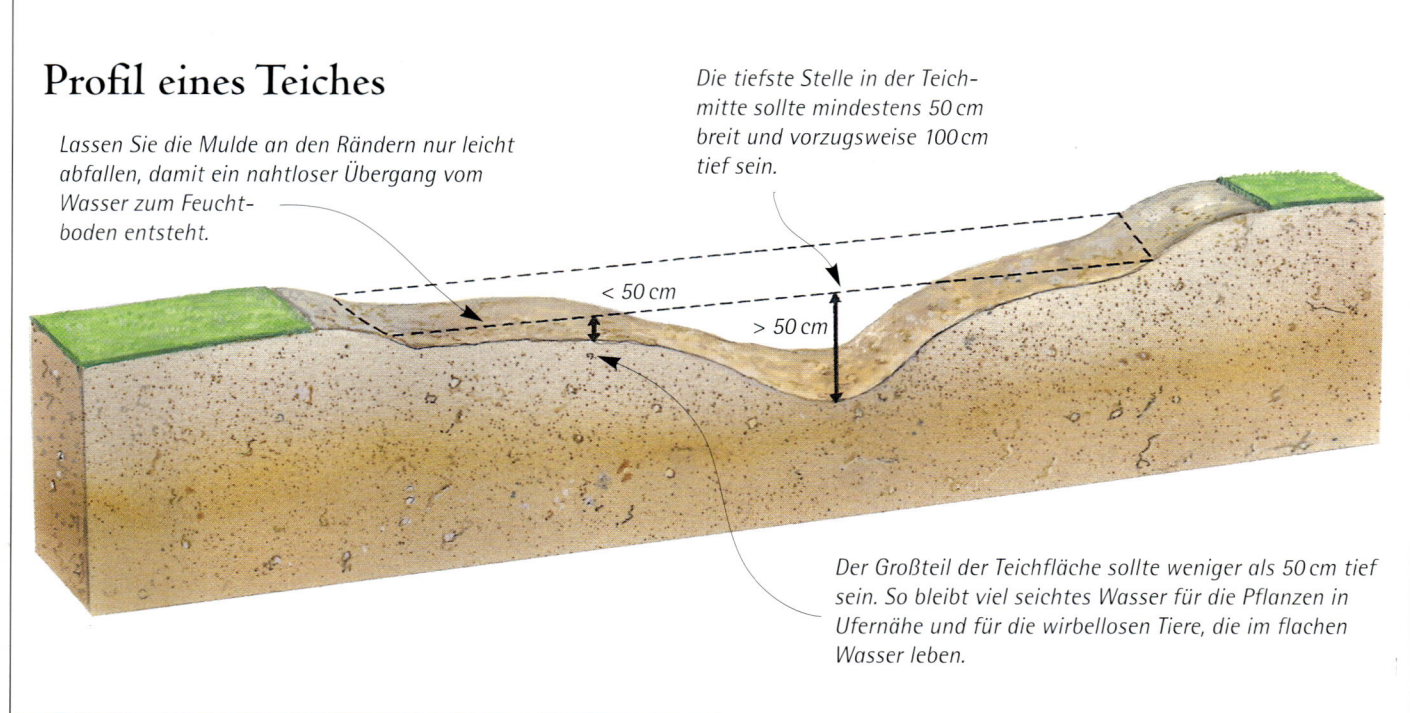

Profil eines Teiches

Lassen Sie die Mulde an den Rändern nur leicht abfallen, damit ein nahtloser Übergang vom Wasser zum Feuchtboden entsteht.

Die tiefste Stelle in der Teichmitte sollte mindestens 50 cm breit und vorzugsweise 100 cm tief sein.

< 50 cm

> 50 cm

Der Großteil der Teichfläche sollte weniger als 50 cm tief sein. So bleibt viel seichtes Wasser für die Pflanzen in Ufernähe und für die wirbellosen Tiere, die im flachen Wasser leben.

Oben: *Der Teich sollte neben einer Tiefenzone in der Mitte vor allem Flachzonen aufweisen. Das tiefere Wasser bietet den verschiedenen Lebewesen im Winter, wenn der Teich zufriert, eine Zuflucht.*

Links: *Eine gute Auswahl vorzugsweise einheimischer Unterwasser-, Flachwasser- und Schwimmpflanzen (siehe S. 25) lässt den Teich nicht nur gut aussehen, sondern macht ihn auch zu einem Anziehungspunkt für Vögel und viele andere Arten der Wildfauna.*

Bepflanzen des Teiches

In den fertigen Gartenteich müssen nun noch Wasserpflanzen eingesetzt werden. Warten Sie mit dem Bepflanzen aber am besten bis zum zeitigen Frühjahr.

Bei den Teichpflanzen unterscheidet man drei hauptsächliche Typen – Unterwasserpflanzen, Schwimm- und Flachwasserpflanzen sowie Randpflanzen.

- **Unterwasserpflanzen** versorgen den Teich mit Sauerstoff und verhindern so einen Stillstand des Wassers und die Entwicklung von Algen. Empfehlenswert sind Tausendblatt und Krauses Laichkraut. Meiden Sie die stark wuchernde Kanadische Wasserpest.
- **Schwimm- und Flachwasserpflanzen** wie Weiße und Gelbe Zwergseerose, Wasserknöterich und Herzblättrige Wasserlinse, deren Blätter und Blüten an der Wasseroberfläche schwimmen, sowie Gelbe Iris und Wasserminze, die über die Wasseroberfläche hinausragen und ein schönes Blütenarrangement bilden.
- **Randpflanzen** wie Blutweiderich, Breitblättriger Rohrkolben und Blumenbinse, die am feuchten Teichufer gedeihen, ziehen Insekten sowie andere Kleinlebewesen an und bieten Amphibien wie Fröschen und Wassermolchen einen sicheren Platz.

Wie immer eignen sich auch hier am besten einheimische Gewächse. Holen Sie diese jedoch nicht aus der freien Natur, denn das ist nicht nur unsozial, sondern auch ungesetzlich. Die meisten großen Gartenmärkte und Spezialgeschäfte bieten ein gutes Wasserpflanzensortiment an, und dort erhalten Sie auch fachmännischen Rat.

Pflanzzonen in Ihrem Teich

Unten: *Setzen Sie in Ihren Teich einheimische Unterwasserpflanzen, Gewächse, deren Blätter und Blüten an der Wasseroberfläche schwimmen, sowie Flachwasser- und Randpflanzen. So schaffen Sie unterschiedliche Lebensräume für die Wildfauna.*

Unterwasserpflanzen wie Raues Hornblatt, Ährenblütiges Tausendblatt und Wasserstern sind Sauerstofflieferanten; sie müssen zuerst gepflanzt werden.

Mehrjährige Pflanzen, deren Laub an der Wasseroberfläche bleibt, sind z. B. Schwimmendes Laichkraut, Weiße Zwergseerose, Gelbe Zwergseerose und Krebsschere.

Setzen Sie abwechselnd hohe und niedrige Flachwasserpflanzen wie z. B. Pfeilkraut, Bachbunge, Tannenwedel und Sumpfvergissmeinnicht.

Randpflanzen für die artenreichsten Teichzonen sind z. B. Gelbe Iris und Gewöhnlicher Froschlöffel.

Oben links: *Weiße Zwergseerosen sehen nicht nur sehr reizvoll aus, sondern sind auch eine Nahrungsquelle für viele Insekten. Diese wiederum locken zahlreiche Insekten fressende Vögel zur Nahrungssuche in Ihren Garten. Setzen Sie die Seerosen jedoch sparsam ein, denn sie breiten sich rasch aus und zu viele von ihnen können die gesamte Teichfläche bedecken und den Wasserpflanzen darunter das Sonnenlicht nehmen.*

Oben rechts: *Der Blutweiderich gehört zu den reizvollsten einheimischen Wildpflanzen, die Sie in Ihrem Garten ansiedeln können. Er gedeiht an Gewässerrändern und schmückt sich von Juni bis August mit purpurrosa Blüten, die an langen Stängeln sitzen. Er steht gern sonnig bis halb schattig und braucht feuchten Boden. Der Blutweiderich lockt mit seinen Blüten Insekten und mit den Samen Vögel an.*

Links: *Das Ährenblütige Tausendblatt ist nur eine von vielen Wasserpflanzenarten für Ihren Gartenteich. Wenn Sie den Rat eines Fachmanns brauchen, wenden Sie sich an ein Spezialgeschäft oder an einen guten Gartenmarkt. Pflanzen aus der freien Natur zu nehmen ist verboten.*

Exotische Fische in einem Teich für wild lebende Tiere auszusetzen empfiehlt sich nicht, da sich die Fische von den kleineren Wasserlebewesen ernähren und schließlich das von Ihnen geschaffene Miniatur-Ökosystem beherrschen. Ein paar Elritzen oder Stichlinge jedoch richten keinen Schaden an und locken vielleicht sogar einen vorbeifliegenden Eisvogel an.

Auch Libellen und Schlankjungfern, die fast so mannigfaltig und faszinierend wie die Vögel selbst sind, werden von einem neuen Teich angelockt. Beide legen ihre kleinen Eier in die Wasserpflanzen, in Pflanzenreste, in den Schlamm oder direkt ins Wasser. Ein gut angelegter und funktionierender Gartenteich mit all diesen Elementen ist eine gute Voraussetzung dafür, dass Sie diese Schönheiten zu Gesicht bekommen. Noch ein Tipp: Setzen Sie auch hoch aufragende Flachwasserpflanzen wie die Teichbinse in Ihr Gartengewässer, damit die ausgewachsenen Libellen während der Paarung oder der Jagd nach Beute einen Rastplatz haben.

Ein Teich kann auch Füchse, sogar Dachse und natürlich eine ganze Reihe Reptilien und Amphibien wie Ringelnatter, Blindschleiche, Frösche, Kröten und Wassermolche anlocken.

Instandhaltung und Sicherheit

Der fertige Gartenteich braucht Pflege und muss in Stand gehalten werden. Das ist in bestimmten Jahreszeiten eine recht aufwändige Arbeit – im Herbst, wenn Sie fast täglich das herabgefallene Laub vom Wasser fischen, im Sommer, wenn Sie den Teich von Algen säubern und im Winter, wenn Sie einen Teil der Wasserfläche eisfrei halten müssen (lassen Sie entweder einen Ball auf dem Teich schwimmen oder stellen Sie einen heißen Gegenstand wie z. B. einen Topf mit kochendem Wasser auf das Eis).

Denken Sie auch an das Problem der Sicherheit. Selbst Gartenteiche, die nur wenige Zentimeter tief sind, können zu einer Gefahr für Kleinkinder werden. Haben Sie Kinder unter vier Jahren oder halten sich Kinder im Garten auf, ist es am besten, wenn Sie dort überhaupt keinen Teich haben. Ist ein Teich vorhanden, sorgen Sie dafür, dass die Kinder keinen Zugang haben. Ziehen Sie mit Ihren kleinen Kindern in ein Haus, zu dem auch ein Garten mit Teich gehört, überlegen Sie, ob Sie das Wasser nicht lieber ablassen, damit nur eine kleine morastige Fläche bleibt, die Sie dann mit passenden Sumpfpflanzen verschönern.

Oben: *Wenn in Ihrem Garten große, alte Bäume stehen, ist Ihr Teich im Herbst mitunter völlig von herabgefallenem Laub bedeckt. Halten Sie die Wasserfläche möglichst sauber, damit sich im Teich keine verrottenden Blätter ansammeln.*

Unten: *Bei strengem Winterwetter müssen Sie die Wasserfläche Ihres Teiches zumindest teilweise eisfrei halten. Am einfachsten benutzen Sie dazu einen Topf mit heißem Wasser.*

Nisthilfen

Nicht nur mit reichlichem Futter- und Wasserangebot können Sie den Vögeln und Vogelpopulationen helfen, sondern auch auf einem anderen, sehr wichtigen Gebiet: Stellen Sie den Tieren Plätze zur Verfügung, an denen sie nisten und ihre Jungen aufziehen können. Das hat vor allem Bedeutung für Arten, die ihre Nester normalerweise in Wäldern bauen, sich aber an Gärten angepasst haben, wo sie sichere Brutplätze finden können. Arten wie Meisen, Drosseln und Rotkehlchen lassen sich durchaus zum Nisten und

Unten: Die geschäftigen Blaumeiseneltern müssen ständig Futter, vor allem Raupen, für ihre hungrige Brut herbeischaffen. Damit die Altvögel ihre eigenen Energiereserven auffüllen können, ist das Füttern der Gartenvögel auch im Frühjahr wichtig.

Brüten im Garten ermuntern, wenn man die passenden Büsche und Sträucher pflanzt (siehe S. 32) oder Nistkästen aufstellt.

Nistkästen

Für Vögel wie Blau- und Kohlmeisen, die normalerweise in Baumhöhlen nisten, können Nistkästen lebenswichtig sein. Doch nicht nur die „gewöhnlichen" Spezies ziehen ihren Nachwuchs in Nistkästen auf; man kann alle Arten von Vögeln, angefangen von Mehlschwalben, Baumläufern und Turmfalken bis zu Waldkäuzen davon überzeugen, dass ein künstliches Heim mindestens ebenso gut wie ein natürliches ist.

Nistkästen werden normalerweise aus Holz hergestellt, doch es eignen sich dazu auch andere Materialien wie z. B. Holzbeton oder Beton, die länger halten als die hölzernen Standardausführungen. Die Konstruktion ist ganz einfach; ein Nistkasten besteht aus vier Wänden, einem Boden, einem schrägen Dach mit Über-

stand, der verhindert, dass Regenwasser in den Kasten eindringt, und aus dem Allerwichtigsten, einem Einflugloch oder einer größeren Öffnung in der Vorderseite, durch die die Vögel in den Nistkasten gelangen.

Blau-, Kohl-, Tannen-, Sumpf- und Weidenmeise, Star, Dohle sowie Haus- und Feldsperling gehören zu den Höhlenbrütern. Vögel, die einen Nistkasten mit halb offener Vorderseite bevorzugen, sind Rotkehlchen, Bachstelze und Grauschnäpper. Für die Schleiereule, den Waldkauz und den Turmfalken eignen sich größere Nistkästen. Weitere spezielle Ausführungen gibt es für Baumläufer und für Mehlschwalben; sie werden vor allem dort gebraucht, wo alte Bäume mit loser Rinde oder schlammige Flächen knapp sind.

Kaufen Sie Nistkästen wie auch andere Gegenstände für Ihre gefiederten Gäste am besten bei zuverlässigen Anbietern.

Einen Nistkasten sollten Sie idealerweise im Herbst oder Winter aufhängen, damit die Vögel Zeit haben sich daran zu gewöhnen. Doch auch wenn der Frühling bereits da ist, lohnt es noch eine Nisthilfe an einer günstigen Stelle anzubringen und dann einfach abzuwarten.

Rechts: *Nistkästen sind nicht nur für die häufiger auftretenden Gartenvögel wie Meisen und Sperlinge da; auch spezialisierte Arten wie der Baumläufer nehmen die Kästen an, wenn sie entsprechend ihren Bedürfnissen konstruiert sind.*

Unten: *Nistkästen gibt es in allen Formen und Größen. Hier ist der häufig verwendete Meisenkasten (links) und eine Halbhöhle mit offener Vorderseite für Rotkehlchen (rechts) zu sehen.*

Bau eines Nistkastens

Da man einen Nistkasten im Handel schon für relativ wenig Geld bekommt, lohnt das Selbstbauen nur dann, wenn Sie gleich mehrere Kästen herstellen, die Sie alle in Ihrem Garten aufhängen oder von denen Sie einen Teil vielleicht Ihren Nachbarn abgeben. Für den Bau einer solchen Nisthilfe brauchen Sie keine besonderen handwerklichen Fertigkeiten, sondern nur das richtige Material und ein paar geeignete Werkzeuge.

- Holzbretter von 1–2 m Länge, ca. 15 cm Breite und 15–20 mm Stärke
- Kleine Nägel oder dünne Langnägel
- Eine gute Holzsäge
- Ein Scharnierersatz für das Dach, z. B. ein Gummistreifen von einem alten Fahrradreifen
- Haken und Öse zum Befestigen des Daches, damit das Kasteninnere vor Räubern sicher ist
- Bohrmaschine und Lochkreissäge der richtigen Größe zum Ausschneiden des runden Einflugloches
- Bandmaß

So entsteht ein Nistkasten

Haben Sie alles was Sie brauchen bereitgelegt, können Sie mit der Arbeit beginnen. Denken Sie daran, dass sämtliche Maßangaben (mit Ausnahme der Größe des Einfluglochees) über den Daumen gepeilt sind, denn auf Präzision kommt es hier nicht so sehr an.

1. Reißen Sie auf den Brettern die erforderlichen Abmessungen an. Jedes Seitenteil muss ca. 170–180 mm, das Dachteil 170 mm lang sein, das quadratische Bodenteil muss eine Kantenlänge von 150 mm haben. Achten Sie darauf, dass die Rückwand eine Länge von mindestens 250 mm hat.
2. Zersägen Sie das Holz in sechs Teile. Die Schnittkanten müssen mit einer Ausnahme rechtwinklig sein; nur die oberen Kanten der beiden Seitenteile werden in einem flachen Winkel geschnitten, damit eine leichte Dachschräge entsteht.
3. Nageln Sie die beiden Seitenteile an der Rückwand fest. Lassen Sie oberhalb und unterhalb der Seitenteile so viel Platz, dass der fertige Nistkasten später an einem Baum oder an einem Zaunpfosten befestigt werden kann.
4. Bohren Sie in den Boden ein oder mehrere kleine Löcher zur Entwässerung und Belüftung. Nageln Sie den Boden dann an die beiden Seitenteile und an die Rückwand.
5. Bohren Sie bei etwa drei Vierteln der Höhe ein Loch in die Vorderseite. Der Lochdurchmesser für einen Meisenkasten beträgt 25–28 mm, für einen Haus- oder Feldsperlingskasten 32 mm.
6. Nageln Sie die Vorderseite an den Nistkasten.
7. Befestigen Sie das Dach mit dem Gummistreifen als Scharnier an der Rückwand. Die Vorderkante muss etwa 20 mm überstehen, damit kein Regen in den Nistkasten gelangt. Nageln Sie das Dach nicht an, sondern fixieren Sie es mit Haken und Öse, damit Sie den Kasten regelmäßig inspizieren und zum Reinigen leicht öffnen können.
8. Bohren Sie zum Befestigen des Kastens an einem Baum, einem Pfosten oder einem Zaun oben und unten je ein Loch in die Rückwand.
9. Streichen Sie zum Schluss die Außenflächen des Kastens mit einem Holzschutzmittel. Die Innenseiten bleiben so wie sie sind, da Konservierungsmittel den Vögeln schaden können.

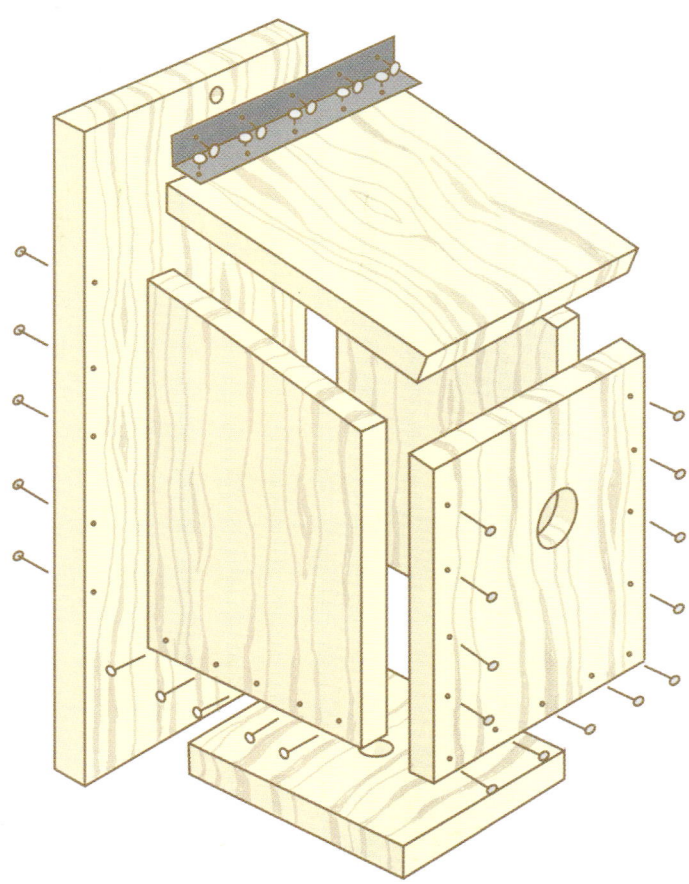

Links und rechts: Der Bau eines Nistkastens ist nur scheinbar ein schwieriges Unterfangen. In Wirklichkeit ist es einfach und nicht allzu zeitaufwändig, vor allem dann, wenn Sie gleich mehrere Kästen auf einmal herstellen. Befolgen Sie dabei genau die Bauanleitung.

Der richtige Standort

Nachdem Sie sich mit dem Nistkasten-
bau so viel Mühe gegeben oder in den
Kauf einer solchen Nisthilfe Geld inves-
tiert haben, müssen Sie den richtigen
Standort dafür finden, damit nicht alles
umsonst war.

Der Standort für einen Nistkasten muss
sorgfältig ausgewählt werden. Er sollte
sich möglichst in einer angemessenen
Höhe, d.h. mindestens 1,5 m über dem
Boden befinden und irgendwo zwischen
den Himmelsrichtungen Nordwest und
Südost ausgerichtet sein. Hängt der Nistkasten direkt in südlicher oder westlicher
Richtung, besteht die Gefahr, dass er sich
übermäßig aufheizt und für das Gelege
und die Nestlinge zu warm wird, sofern er
nicht durch einen Schattenspender ge-
schützt ist.

Befestigen Sie den Nistkasten ordentlich, denn er kann bei starkem Wind
leicht abgerissen werden. Verwenden Sie
dazu starke Nägel oder besser Holz-
schrauben; soll der Kasten an einem lebenden Baum hängen, binden Sie ihn mit
Draht fest, damit der Stamm oder Ast
nicht beschädigt wird.

Nistkästen können leicht eine Beute von Eichhörnchen, Katzen, sogar Spechten und anderen Nesträubern werden. Auch
wenn sich dagegen nicht viel tun lässt, bringen Sie den Kasten
zumindest an einer Stelle an, die ein Räuber nicht erreicht.

Zum Schluss noch ein Rat: Seien Sie vorsichtig, wenn Sie auf
der Leiter stehen und die Nistkästen aufhängen, und lassen Sie
sich dabei von jemandem helfen.

Oben: *In den Nistkästen im Garten brütet auch so manche überraschende Vogelart wie z. B. der Grauschnäpper, der zum Nisten Halbhöhlen bevorzugt. Beobachten Sie einmal, wie er im Flug nach Insekten hascht und zum Nest zurückkehrt um die Beute an seine Jungen
zu verfüttern.*

Unten: *Meisenkasten an einem Baumstamm. Hängen Sie den Nistkasten mindestens in 1,5 m Höhe und an einer Stelle auf, die nicht der
mittäglichen Sonne ausgesetzt ist.*

Pflege des Nistkastens

Hängt der Nistkasten erst einmal an Ort und
Stelle, müssen Sie sich nicht mehr viel darum
kümmern. Räumen Sie den Kasten am Ende jeder
Brutsaison aus und säubern Sie das Innere
gründlich, damit Parasiten und Schmutz verschwinden. Ansonsten lässt man Nistkästen am
besten in Ruhe. Widerstehen Sie der Versuchung
in regelmäßigen Abständen hineinzuspähen,
denn das stört die brütenden Vögel und lenkt am
Ende noch die Aufmerksamkeit von Nesträubern
auf den Kasten.

Mehr über Nistkästen können Sie bei der Bun-
desgeschäftsstelle oder den Landesgeschäftsstel-
len des Naturschutzbundes Deutschland (NABU)
erfahren.

Oben: *Vervollkommnen Sie Ihren Garten für nistende Vögel, indem Sie verschiedene dicht belaubte, möglichst einheimische Sträucher und Büsche pflanzen, in denen die Vögel vor Nesträubern sicher sind.*

Links: *Rotkehlchen suchen sich mehr als andere häufig auftretende Gartenvögel die seltsamsten Nistplätze aus. Ihre Nester wurden schon in Gießkannen, unter Motorhauben und wie hier an der Rückseite eines Werkzeugschrankes entdeckt.*

Pflanzungen für nistende Vögel

Gartenvögel lassen sich nicht nur mit künstlichen Nistkästen, sondern auch durch Sträucher und Bäume locken, in denen sie ihre Nester bauen können. Als Nistplätze eignen sich alle Gehölze mit dichter Belaubung – selbst die gefürchteten Leyland-Zypressen, die so viele Streitigkeiten zwischen Nachbarn hervorrufen. Ästhetisch ansprechendere Gewächse zum Nisten sind Kletterpflanzen wie z. B. Waldrebe, Efeu und Geißblatt, Heckenpflanzen wie Stechpalme, Weißdorn und Liguster, Büsche und Sträucher wie Holunder, Brombeere und sogar Bäume wie Eiche und Buche. Die meisten davon haben außer einem sicheren Nistplatz auch Insektenfutter, Obst oder Beeren zu bieten. Mehr darüber erfahren Sie im Abschnitt *Vogelfreundliche Pflanzen* auf Seite 140.

Schutz und Sicherheit

Vögel zum Besuch Ihres Gartens anzulocken ist gut und schön, doch was ist, wenn den Tieren dadurch Gefahr droht? Krankheiten und Räuber sind sehr reale Bedrohungen, und deshalb ist die Sorge um die Sicherheit der Vögel in Ihrem Garten genauso wichtig wie die Futter- und Wasserbereitstellung.

Im Kapitel *Schutzmaßnahmen* (siehe S. 94 – 99) geht es um Schädlinge und Räuber wie Ratten und Mäuse, Eichhörnchen, Elstern, Sperber und natürlich auch Katzen. Bis Sie bei diesem Kapitel angelangt sind, können Sie eine weitere wichtige Sache in Angriff nehmen, die Ihren Garten zu einem sichereren Platz für all seine wild lebenden Besucher macht: Sorgen Sie für eine gute Hygiene.

Hygiene

Gute Hygiene ist eine Angelegenheit des gesunden Menschenverstandes. Wie bereits erwähnt wurde, müssen Sie ein wachsames Auge darauf haben, dass Futterhaus, Futtergeräte und Vogeltränke so sauber wie möglich sind. Kehren Sie altes Futter und Futterreste einfach mit einem weichen Pinsel auf die Kehrrichtschaufel und werfen Sie es am besten gleich in den Mülleimer und schrubben Sie die Außenflächen regelmäßig mit einer harten Bürste, Wasser und etwas Seife ab.

Verwenden Sie zum Säubern der Flächen niemals starke chemische Reinigungsmittel, da Spuren davon zurückbleiben, in das Futter gelangen und die Vögel vergiften können. Kleinvögel sind besonders anfällig, denn aufgrund ihrer sehr geringen Körpermasse – mitunter nur wenige Gramm – können sie bereits durch kleinste Mengen vergiftet werden.

Lassen Sie die Futtergeräte nach einer gründlichen Säuberung innen und außen erst richtig trocknen, ehe Sie sie wieder an ihren Platz bringen und auffüllen. Feuchtigkeit lässt das Futter nämlich schneller verderben. Spülen Sie auch die Vogeltränke immer erst gründlich mit klarem Wasser, damit keine Seifenreste zurückbleiben.

Krankheiten

Hin und wieder werden Sie vielleicht vor einem größeren Problem stehen, nämlich dann, wenn in Ihrem Futterstützpunkt eine Vogelkrankheit ausbricht. Von Krankheiten werden vor allem Vögel befallen, die in Trupps zu den Futterstellen kommen, wie es z. B. bei Meisen, Sperlingen, Finken und Staren der Fall ist. Achten Sie deshalb auf Vögel, die apathisch erscheinen oder deren Gefieder auffallend zerzaust und schäbig aussieht.

Das Problem erledigt sich wahrscheinlich bald von selbst, doch wenn die Anzeichen bestehen bleiben und Sie gar eine ungewöhnlich große Anzahl toter oder sterbender Vögel in Ihrem Garten finden, benachrichtigen Sie am besten den Landesbund für Vogelschutz oder Ihre Landesgeschäftsstelle des Naturschutzbundes Deutschland (NABU).

Unten: Halten Sie Futtergeräte, Futterhaus und Vogeltränke sauber um Krankheiten vorzubeugen, doch verwenden Sie dazu keine starken chemischen Reinigungsmittel. Diese Mittel können gerade die Vögel, die Sie an Ihren Garten zu gewöhnen versuchen, vergiften. Der hier abgebildete Feldsperling ist ein recht ungewöhnlicher Gartenbesucher.

Vogelfreundliche Gärten

Unterschiedliche Gärten eignen sich für unterschiedliche Vögel. Ein weitläufiger alter Garten in ländlicher Umgebung zieht wahrscheinlich eine größere Artenvielfalt an als ein kleines Fleckchen Erde inmitten der Großstadt. Doch ein Garten in der Vorstadt, in der Nähe eines Parks oder eines Gewässers, der einen guten Pflanzenbestand aufweist, ist für Vögel mitunter noch reizvoller.

Da nicht alle Menschen über gleichermaßen viel freie Zeit und finanzielle Mittel verfügen und zudem unterschiedliche Neigungen haben, stelle ich Ihnen in diesem Kapitel drei Varianten zur Gestaltung eines vogelfreundlichen Gartens vor:

- Die einfache Variante
- Die erweiterte Variante
- Die fortgeschrittene Variante

Tauschen Sie die Elemente der einzelnen Varianten ruhig aus und stellen Sie sie nach Ihrem Ermessen zusammen. Sie müssen auch nicht alle Vorschläge berücksichtigen, denn diese stellen keine Rezepte dar, sondern sollen Sie anregen darüber nachzudenken, was Sie in Ihrem Garten für die Vögel tun können.

Die einfache Variante

Viele Menschen meinen, dass sie keine Vögel in ihren Garten locken können, weil das Grundstück zu klein, zu stadtnah oder nicht ausreichend bepflanzt ist. Es gibt nichts, das weniger zutreffen könnte als diese Argumente, denn jeder Garten kann in einen Zufluchtsort für zumindest einige standorttypische Vogelarten verwandelt werden, ganz gleich, wie wenig anziehend er uns auch erscheinen mag.

Ein weiteres Argument ist der Zeitaufwand. So mancher nimmt ein Buch wie dieses zur Hand, sieht die Anleitungen zum Bau eines Nistkastens oder zum Anlegen eines Gartenteiches und vermutet sogleich, dass er von früh bis spät graben, hämmern und Gegenstände zusammennageln müsse um seinen Garten vogelfreundlich zu gestalten.

Schließlich geht es um die Kosten. Blättern Sie einmal einschlägige Kataloge durch und Sie werden Futtergeräte aller For-

Links: Auch ein kleiner Garten kann in einen wahren Zufluchtsort für Vögel verwandelt werden. Schaffen Sie Miniatur-Lebensräume, in denen die Tiere Obdach, Futter und Nistgelegenheiten finden.

Ganz oben und oben: Ein vogelfreundlicher Garten in der Vorstadt, vielleicht gar in Park- oder Waldnähe, ist für Ringeltauben der ideale Ort zur Futtersuche und zum Nisten.

Deshalb tun viele Menschen rein gar nichts zur Förderung der Vögel im Garten. *Sie* gehören glücklicherweise nicht zu jenen Zeitgenossen, denn Sie haben dieses Buch gekauft, ausgeliehen oder geschenkt bekommen. Dennoch nehme ich an, dass auch Sie stark beschäftigt, mittellos und ein wenig träge sind, oder höflicher ausgedrückt, dass Sie einem Beruf oder irgendeiner Arbeit nachgehen, die einen Großteil Ihrer Zeit beansprucht, eine Familie oder ein Hobby haben, die den größten Teil Ihres Geldes verschlingen und dass Sie einen verhältnismäßig kleinen Garten besitzen, der für Vögel gar nicht so verlockend aussieht. Ich hoffe, Ihnen wird bei der Lektüre dieses Kapitels klar, dass eine vogelfreundlichere Gestaltung Ihres Gartens nur ein Minimum an Zeit, Mühe und Ausgaben kostet, und dass der Lohn für Sie und der Nutzen für die Vögel die Sache wert ist.

Geringer Kosten- und Zeitaufwand

Können Sie wöchentlich etwas Geld und eine halbe Stunde Zeit erübrigen? Ist das der Fall, sollten Sie weiterlesen, denn in diesem Abschnitt erfahren Sie, was Sie tun müssen, wie viel das kostet und wie viel Zeit Sie dafür brauchen.

Beginnen wir mit den Kosten. Abgesehen davon, dass man am Anfang stets die größten Ausgaben hat, liegen die wöchentlichen Aufwendungen, im Jahresdurchschnitt betrachtet, durchaus in einem erschwinglichen Bereich. Kaufen Sie das Futter en gros, wird es für Sie auf lange Sicht sogar noch billiger. Rechnen Sie im ersten Jahr also mit Ausgaben für

- ein einfaches Futterhaus;
- zwei Futtergeräte (eines für Erdnüsse, das andere für Sämereien),
- einen Nistkasten,
- eine einfache Vogeltränke,
- einen Sack Sonnenblumenköpfe,
- für einen Sack gemischte Sämereien für das Futterhaus,
- für einen Sack Erdnüsse.

Oben: Ein stabiles, gut gebautes Futterhaus passt in jeden Garten. Legen Sie darin einfach verschiedene Futtersorten aus um viele unterschiedliche Vogelarten anzulocken. Futterhäuser gibt es in unterschiedlichen Ausführungen und Preislagen.

men und Größen finden, die zum Teil astronomische Preise haben und mit Feinschmeckerfutter gefüllt werden, von dem ein Kilogramm mehr kostet als die Lebensmittel, mit denen Sie Ihre Kinder ernähren. Auf einem alten Briefumschlag machen Sie dann eine Rechnung auf und kommen zu dem Ergebnis, dass Sie schon bald das Haus verkaufen und mit Ihrer Familie auf der Straße stehen müssten, wenn Sie anfangen würden die Vögel in Ihrem Garten zu füttern.

Damit haben Sie bereits die wichtigsten Dinge – ein Futtersortiment für verschiedene Vogelarten und Futtergeräte, eine Stelle zum Baden und Trinken und einen Platz, an dem ein Vogelpärchen nisten und seine Jungen aufziehen kann. Sicherlich werden Sie die genannten Futtermengen mit Resten aus der Küche ergänzen müssen, damit der Vorrat für das ganze Jahr reicht, doch insgesamt genügt all das um einen willkommenen Service-Stützpunkt für die Vögel in Ihrer Wohngegend aufzubauen.

Was den Zeitaufwand betrifft, ist eine halbe Stunde pro Woche reichlich bemessen, denn Sie werden in Wirklichkeit weniger brauchen. Sie müssen nichts weiter tun als die Futtergeräte regelmäßig aufzufüllen, Reste oder angeschimmeltes Futter wegzuräumen und den Wasservorrat in der Vogeltränke zweimal wöchentlich zu erneuern. Rechnen Sie alle drei Monate dann noch rund zwei Stunden dazu, in denen Sie Futterhaus, Futtergeräte und Vogeltränke leer machen und säubern. Da Sie mehr Zeit wirklich nicht brauchen, kann das Argument, Sie seien zu stark beschäftigt, nicht mehr als Entschuldigung gelten.

Haben Sie mehr Zeit zur Verfügung, können Sie Futterhäuser und Nistkästen auch selbst bauen, obgleich das eigentlich ziemlich unwirtschaftlich ist, sofern Sie nicht gleich größere Stückzahlen herstellen. Vielleicht tun Sie sich mit ein paar Freunden zusammen und teilen sich die Arbeit, so dass Sie z.B. Futterhäuser und ein anderer Nistkästen baut.

Rechts: *Nistkästen sind ein geradezu idealer Ersatz für Baumhöhlen, die natürlichen Nistplätze der Kohlmeise (Abb.) und anderer Arten, die normalerweise in Wäldern brüten. Diese hungrigen Küken sind in etwa zwei Wochen flügge, vorausgesetzt die Kohlmeiseneltern finden bis dahin genügend Futter für sie.*

Unten: *In einem vogelfreundlichen Garten sollte es mehrere Stellen geben, an denen die Vögel fressen, nisten, trinken und baden können. Probieren Sie unterschiedliche Standorte aus, bis Sie meinen den idealen Platz gefunden haben.*

Die Bereitstellung von Futter, Wasser und Nistplätzen ist erst der Anfang. Betrachten Sie auch einmal die Gestaltung Ihres Gartens und die Pflanzen, die auf dem Grundstück wachsen. Sind Sie gerade erst in Ihr Heim eingezogen, beobachten Sie einige Monate lang, wie sich der Garten verändert und welche Vögel welche Gewächse besonders mögen. Sie werden

Links: *Die Türkentaube gelangte im Lauf der Jahrhunderte aus ihrer Urheimat Indien, West- und Südchina auch nach Europa, wo sie sich seit Anfang des 20. Jahrhunderts wieder verstärkt vermehren konnte. Inzwischen ist sie besonders in vorstädtischen und ländlichen Gärten eine recht bekannte Besucherin.*

Unten: *Die einheimische Eberesche bietet im Frühjahr und Winter einen willkommenen Vorrat saftiger roter Beeren, an denen sich auch Insektenfresser wie die Drossel, das Rotkehlchen und selbst der Seidenschwanz gütlich tun.*

möglicherweise feststellen, dass eine bestimmte Pflanze einen Teil des Jahres kaum Beachtung findet, zu der Zeit aber, da sie Samen oder Früchte trägt, bei den Gartenvögeln sehr beliebt ist.

Ein Gartenteich ist in dieser kostengünstigen, pflegeleichten Grundausstattung natürlich nicht enthalten; lassen Sie mit wenig Zeit- und Geldaufwand stattdessen eine Ecke Ihres Gartens verwildern. Lassen Sie der Natur einfach ihren Lauf und schneiden Sie die am Boden kriechenden Brombeerranken, den Efeu oder die Brennnesseln nicht zurück, denn dort halten sich mit Vorliebe wirbellose Tiere auf, die den Vögeln ebenfalls als Nahrung dienen.

Können Sie ein bestimmtes Kostenlimit nicht überschreiten, schränken Sie vielleicht die Grundausrüstung ein und verzichten auf den Nistkasten und eines der Futtergeräte, stellen eine Schüssel als provisorische Vogeltränke auf oder bauen selbst ein Futterhaus oder einen Nistkasten. Auf diese Weise haben Sie etwas mehr Geld für die Pflanzen übrig. Wie wäre es mit einem Gut-schein für einen Einkauf im Garten- oder Baumarkt, den Sie sich zum Geburtstag oder zu Weihnachten schenken lassen?

Welche Vögel Ihren Garten aufsuchen, hängt natürlich von Ihrem Wohnort ab. Sie können jedoch ziemlich sicher sein, dass Sie mit der oben genannten Grundausrüstung eine ganze Anzahl Arten anlocken werden, die in Ihrer Gegend häufig auftreten. Spezies wie Meise, Haussperling und Grünling sind zunehmend auf unsere Futtergaben angewiesen; ihnen folgen dabei Rotkehlchen, Heckenbraunelle und Türkentaube. Ihre Artgenossen zu beobachten ist eine Freude. Selbst wenn Ihre Mühe nur ein paar mehr Futtergäste anlockt, hat sie sich schon gelohnt.

Unten: *Eichelhäher suchen regelmäßig Gärten auf, wo sie im Frühjahr und Sommer mitunter die Gelege der Singvögel ausrauben. Im Herbst und Winter ernähren sie sich von Eicheln.*

Die erweiterte Variante

Befinden sich die beiden Futtergeräte, das Futterhaus und der Nistkasten endlich an Ort und Stelle, können Sie sich zurücklehnen und die Szenerie einfach genießen. Allerdings wird sich nach einiger Zeit vielleicht etwas Unzufriedenheit einstellen, denn schließlich möchte niemand immer wieder dasselbe sehen.

Das Problem ist, dass bei einer begrenzten Anzahl Futtergeräte und einer beschränkten Futterauswahl stets dieselben gefiederten Gäste zum Fressen kommen. Wie jedes Café und Restaurant von Zeit zu Zeit seine Einrichtung und die Speisekarte ändern muss um sich um neue Gäste zu bemühen und seine Stammgäste auch weiterhin zu behalten, müssen auch Sie sich ein paar Ergänzungen und Veränderungen für Ihren Service-Stützpunkt einfallen lassen.

Ich habe hier einige Dinge zur Verbesserung des „Angebots" zusammengestellt, die allerdings zusätzliche Ausgaben, Zeitaufwand und Mühe erfordern, mit denen Sie Ihren Garten aber besser auf die Bedürfnisse seiner gefiederten Besucher ausrichten. Für die erweiterte Ausstattung müssten Sie die folgenden Dinge anschaffen:
- Ein besseres, größeres Futterhaus, dessen Dach bei schönem Wetter abgenommen werden kann;
- einen „Käfig" aus Metall, der vor Eichhörnchen sicher ist und in dem deshalb auch Meisen und andere Kleinvögel gefahrlos fressen können;

Oben: Mit etwas mehr Aufwand, Zeit und Geld können Sie unterschiedliche Futterarten in verschiedenartigen Futtergeräten anbieten, die für bestimmte Vogelarten konstruiert sind.

- drei große Futtergeräte aus Metall (zwei für Sämereien, einen für Erdnüsse), die an günstigen Stellen platziert werden, so dass sie auch den „Durchgangsverkehr" anziehen;
- fettreiche Futterringe zum Anlocken einer größeren Artenvielfalt, z. B. auch der Mönchsgrasmücke und des Buntspechts;
- Mehlwürmer für Vogelarten wie Rotkehlchen und Eichelhäher;
- zwei zusätzliche Nistkästen (eine Höhle mit Einflugloch und eine Halbhöhle mit halb offener Vorderseite für Rotkehlchen);
- eine größere, stabilere Vogeltränke;
- Futtervorrat zum Auffüllen der Futtergeräte.

Verschenken Sie Ihre bisherige Ausrüstung an jemanden, den mit etwas Glück der Bazillus des Vogelfütterns vielleicht ebenfalls befällt.

Die größere Anzahl der Futterstellen und das erweiterte Futterangebot (besonders Mehlwürmer und Talgstangen) dürften allmählich auch seltenere Vogelarten in Ihren Garten locken. Selbst wenn auch hier wieder die Vielzahl der Arten von der Größe und der Lage Ihres Grundstückes abhängt, müssen Sie natürlich mit einem erhöhten Futterbedarf rechnen.

Biologische Vielfalt

Eine längerfristige Methode, mit der Sie die Artenvielfalt in Ihrem Garten erweitern können, ist die Vergrößerung der biologischen Vielfalt. Das klingt komplizierter als es in Wirklichkeit ist, denn es gibt mehrere verhältnismäßig einfache Wege, die biologische Vielfalt in Ihrem Garten zu vergrößern.

Legen Sie einen Gartenteich an. Nichts wird Ihren Garten stärker verändern als eine ständig vorhandene Wasserfläche. Teiche locken alle Arten wild lebender Tiere an, vor allem Insekten und andere Wirbellose, die für Ihre Gartenvögel eine weitere, natürliche Nahrungsquelle sind. An einem Teich können die Vögel trinken und baden, sofern zumindest eine flach abfallende Uferseite vorhanden ist, die den Vögeln einen problemlosen Zugang zum Wasser ermöglicht.

Lassen Sie einen Teil Ihres Gartens verwildern. Bei einem nicht allzu großen Garten könnte man meinen, der Platz reiche einfach nicht für den Luxus aus sich die verfügbare Fläche mit der Wildfauna zu teilen. Sie brauchen jedoch gar nicht sehr viel zu tun um Ihren Garten so zu gestalten, dass Sie damit auch wild lebende Tiere fördern. Schon ein kleiner Holzstapel in einer Ecke oder ein ungemähtes Rasenstück bietet kleinen Lebewesen Unterschlupf.

Rechts: *Die Hauptattraktion eines wildtierfreundlichen Gartens ist zweifellos ein gut angelegter Teich. Er erfordert etwas Arbeit, die sich aber auf jeden Fall auszahlt.*

Pflanzen Sie hoch wachsende einheimische Sträucher und Bäume. Geißblatt oder Holunder locken im Frühjahr und Sommer mit ihren Blüten Insekten an und bieten den Vögeln im Herbst saftige reife Früchte als Nahrung. Zudem sehen sie die meiste Zeit des Jahres einfach schön aus.

Ändern Sie die Bepflanzung der Blumenbeete. Für die Vögel macht es schon viel aus, wenn Sie den Anteil exotischer Gewächse zugunsten einiger einheimischer Pflanzen verringern. Einheimische Pflanzen wie die Schlüsselblume oder das Leimkraut ziehen zahlreiche Insekten an, darunter auch Schmetterlinge und deren Raupen, die im Spätsommer alle mehr Vögel in Ihren Garten locken. Auch nicht einheimische Gewächse wie die Buddleia sind sehr attraktiv für Schmetterlinge. Viele Pflanzen bilden Samen, die im Spätsommer und im Herbst Finken anlocken.

Setzen Sie Kletterpflanzen in Ihren Garten: Kletterpflanzen wie Efeu und Waldrebe sind ideal für Vögel, da die Tiere unter den Ranken gut abgeschirmte Plätze zum Nestbau finden. Die meisten Kletterpflanzen werden von Rotkehlchen und Amsel zum Brüten genutzt.

Links: *Holunderblüten ziehen im Frühjahr und Sommer Insekten an, die wiederum viele Vögel herbeilocken. Auch die im Herbst reifenden Holunderbeeren sind ein wahres Festessen für Vögel.*

Unten: *Die Gewöhnliche Waldrebe ist eine bekannte Kletterpflanze, die man in den Gärten allerdings nicht sehr oft sieht. Sie bietet den Vögeln ideale Nistmöglichkeiten. Vielleicht sollte auch sie Ihren Garten zieren?*

Die fortgeschrittene Variante

Tragen Sie sich ernsthaft mit dem Gedanken Ihren Garten in ein Fünf-Sterne-Hotel für Vögel zu verwandeln, sind Ihren Bemühungen praktisch keine Grenzen gesetzt, denn Sie können in dieses Vorhaben Hunderte Euro und viele Stunden Arbeitszeit investieren. Sich um die Vögel im Garten zu kümmern, kann sich nicht nur zum Hobby, sondern vielmehr auch zur Lebensweise entwickeln.

Natürlich müssen Sie für das geplante Vogelparadies nicht nur ausreichend Zeit, Geld und Mühe aufbringen können, sondern zunächst einmal einen ziemlich großen Garten mit einem entwickelten Pflanzenbestand besitzen. Der Garten muss außerdem die richtige Lage haben, denn es hat keinen Sinn so viel Aufwand zu betreiben, wenn Ihr Grundstück mitten in einem ganz und gar vogelarmen Gebiet liegt. Nicht, dass Sie unbedingt auf dem Land wohnen müssen; die modernen landwirtschaftlichen Methoden haben den Vögeln in einem großen Teil der ländlichen Gebiete faktisch die Lebensgrundlagen in der freien Natur entzogen. Dagegen bieten heute kleinere und größere Städte und selbst manche Großstadtzentren vielen Vogelarten Zuflucht und Schutz. Die städtische Oase ist natürlich ein verhältnismäßig neuer, doch sehr wichtiger Gedanke.

Bevor Sie sich aber mit einem ehrgeizigen Programm auf die Übergabe Ihres Gartens an die Vögel vorbereiten, stellen Sie sich einige notwendige Fragen:

- Kann ich den erforderlichen finanziellen und zeitlichen Aufwand für mein Vorhaben wirklich erbringen?
- Unterstützt mich meine Familie bei diesem Vorhaben? Der Garten soll beileibe kein reines Vogelreservat werden, sondern auch zu Ihrer und zur Freude Ihrer Familie und Ihrer Freunde da sein. Wenn Sie deshalb einige Kompromisse eingehen müssen, dann tun Sie das ruhig.
- Wird mir das Einrichten eines vogelfreundlichen Gartens genauso viel Freude machen wie das Ergebnis? Manche Menschen sind leidenschaftliche Hobbyhandwerker und mögen körperliches Arbeiten ebenso wie das Ausruhen und die Freude an den Früchten ihrer Arbeit. Andere wiederum sehen in harter Arbeit lediglich ein Mittel zum Zweck.
Sie sollten zu einem möglichst frühen Zeitpunkt auch darüber nachdenken, ob Sie die Arbeiten selbst erledigen oder die Hilfe professioneller Gärtner in Anspruch nehmen und ob Sie die Futtergeräte selbst bauen oder lieber kaufen wollen.

Was also können Sie tun, und wie hoch sind die Kosten? Die Kosten hängen in gewisser Weise von Ihnen ab, denn in einem einschlägigen Katalog werden Sie alles vom einfachen Erdnussbehälter bis zum aufwändig gestalteten Mega-Futtergerät und das alles natürlich zum entsprechenden Preis finden.

Oben: *Wenn Sie Glück haben, nisten auch Schwalben in Ihrem Garten. Dann können Sie sich am Kommen und Gehen der Vogeleltern erfreuen, die ihren hungrigen Jungen unermüdlich Futter herbeischaffen.*

Unten: *Haussperlinge und viele andere Kleinvögel säubern in der Vogeltränke gern ihr Gefieder. Erneuern Sie das Wasser in der Tränke deshalb regelmäßig.*

Links: *Wenn Sie auf dem Land leben und einen großen Garten mit altem Baumbestand haben, werden Sie wahrscheinlich alle Arten tierischer Besucher aus der Umgebung anlocken.*

Oben: *Der Feuerdorn, ein aus Südosteuropa stammendes Ziergehölz, sieht nicht nur reizvoll aus, sondern trägt auch reichlich Früchte, die Tauben und Drosseln anlocken.*

Futter und Futtergeräte

Ich bin der Meinung, dass das Wesentliche an einem wirklich vogelfreundlichen Garten die Kombination aus natürlichen Nahrungsquellen und dem von Menschen angebotenen Futter ist. Entscheidend ist bei Letzterem die Auswahl, denn jede Vogelart bevorzugt bestimmte Dinge, die sie auf ganz spezielle Weise dargeboten haben will.

Gute Kombinationen von Futter und Futtergerät sind beispielsweise

- mehrere Erdnussbehälter, die auf Pfähle gesetzt, an Baumäste gehängt oder vor dem Küchenfenster angebracht werden, so dass Sie die Futtergäste auch aus der Nähe beobachten können;
- eine noch größere Anzahl Futtergeräte für Sämereien, die ebenfalls an mehreren Stellen und in unterschiedlichem Umfeld platziert werden, damit eine große Artenvielfalt angelockt wird;

- ein großes Futterhaus mit einem Dach (das das Reinigen des Futterhauses nicht erschwert und bei schönem Wetter abgenommen werden kann, damit die Vögel an der Futterstelle mehr Platz haben);
- mindestens eine Vogeltränke, noch besser zwei von unterschiedlicher Größe und Tiefe, damit kleine und große Vögel baden und trinken können;
- mehrere Talgstangen oder Futterringe, die meistens auch Vögel wie überwinternde Mönchsgrasmücken anlocken, die normalerweise keine Futterstellen aufsuchen;
- mindestens ein eichhörnchensicheres Futtergerät, falls es in Ihrem Garten Eichhörnchen gibt;
- ein oder zwei Teller mit Mehlwürmern zum Anlocken von Eichelhähern, Rotkehlchen, Heckenbraunellen und anderen Arten, die lieber Lebendfutter als Nüsse und Sämereien fressen.

Versuchen Sie außerdem möglichst viele natürliche Futterquellen zu pflanzen. Empfehlenswert sind

- einheimische Wildblumen wegen ihres Nektars und ihrer Samen und weil sie Schmetterlinge, Falter und andere Insekten anlocken;
- Beeren tragende Gewächse wie Holunder, Weißdorn und Brombeere, die den Vögeln im Herbst und Winter saftige, nahrhafte Früchte bieten;
- Obstgehölze wie Apfel- und Pflaumenbäume wegen ihrer Früchte und ihrer Attraktivität für Insekten.

Nistende Vögel

Neben dem Futter für die Gartenvögel spielen auch Nisthilfen eine wichtige Rolle. In Ihrem Garten sollten also nicht zu wenig Bäume, Büsche und Kletterpflanzen stehen, die den Vögeln eine Unterkunft für die Nacht und auch Nistplätze bieten. Es empfiehlt sich auch einige Nistkästen aufzustellen. Für den Anfang schlage ich folgendes vor:

- Zwei oder drei klassische Meisenkästen mit einem Einflugloch für Blau- und Kohlmeisen sowie für Haussperlinge (wenn es letztere in Ihrer Nachbarschaft noch gibt);
- mindestens einen großen Starenkasten mit einem Einflugloch von mindestens 45 mm;
- eine oder zwei Halbhöhlen, d.h. Nistkästen mit halb offener Vorderseite, für Rotkehlchen und Grauschnäpper.

Reicht Ihr Ehrgeiz noch weiter, können Sie außerdem einige spezielle Nistkästen aufstellen, die Sie selbst bauen oder fertig kaufen. Hier einige bewährte Ausführungen:

- keilförmiger Nistkasten für Baumläufer;
- Niströhre für Waldkäuze;
- kelchförmige „Kästen" für Rauchschwalben und Mehlschwalben;
- Gemeinschafts-Nistkästen, in denen mehrere Haussperlingspärchen zusammen brüten können.

Oben: Nicht nur für Kleinvögel kann man Nistkästen aufstellen; selbst Vogelarten wie den Waldkauz kann man zum Brüten in eine solche Nisthilfe locken.

Unten: Mehlschwalben können ihre Nester (links) nur dann selbst bauen, wenn es in der Umgebung Schlammpfützen gibt. Weshalb soll man ihnen nicht mit speziell gestalteten Nistkästen helfen?

Biologische Vielfalt

Schließlich können Sie in Ihrem Garten noch größere Veränderungen vornehmen um die biologische Vielfalt zu vergrößern und dadurch mehr Vögel anzulocken. Sollten Sie sich dafür entscheiden, informieren Sie sich darüber in der einschlägigen Literatur. Sie werden dort u.a. folgende Empfehlungen finden:

- Falls Sie noch keinen **Gartenteich** haben, legen Sie einen an. Natürlich kostet das Vorhaben Zeit, Mühe und etwas Geld, doch der Teich wird Ihren Garten nicht nur zugunsten der Vögel, sondern auch anderer wild lebender Tiere verändern.
- Verwandeln Sie zumindest einen Teil Ihres Rasens in eine **Wildblumenwiese**. Säen Sie einheimische Wiesenblumen aus, die als Lebendfutter für die Vögel eine Menge Insekten anlocken.

- Lassen Sie einen Teil Ihres Gartens zur **Wildnis** werden, in der Brennnesseln, wilde Brombeeren und andere „Unkräuter" dominieren, und schaffen Sie so einen naturnahen Lebensraum.
- Wenden Sie keine Pestizide und Herbizide mehr an und greifen Sie stattdessen auf natürliche Schädlingsbekämpfungsmittel wie z.B. Nematoden zurück. Locken Sie viele wild lebende Tiere in Ihren Garten, denn diese vernichten ebenfalls auf natürliche Weise Schädlinge.

Diese Veränderungen mögen vielleicht nicht besonders groß erscheinen, doch glauben Sie mir, sie wirken sich deutlich auf die biologische Vielfalt Ihres Gartens aus, und das bedeutet wiederum, dass sich zu Ihrer Freude mehr Vögel einfinden werden. Denken Sie auch stets daran, dass Sie Ihren Garten mit der Wildfauna teilen, und dass diese Art Gärtnern stets Freude machen und nicht in eine Art Zwang ausarten sollte.

Unten: *Gärtnern Sie ohnehin im Sinne der wild lebenden Tiere, könnten Sie auch einen Teil Ihres Rasens in eine Wildblumenwiese verwandeln, in der die Vögel Insekten und Samen als Nahrung finden.*

Oben: *Auch Turmfalken brüten gern in künstlichen Nisthilfen. Sie bevorzugen einen breiten und tiefen Kasten mit offener Vorderseite. Dieses Weibchen bebrütet ein Gelege aus vier oder fünf Eiern.*

Zum Verhalten der Gartenvögel

Dieses Kapitel soll Ihnen helfen einige häufige und weniger übliche Verhaltensweisen von Gartenvögeln zu verstehen. Ich hoffe, dass Sie sich davon angespornt fühlen die Tiere aufmerksamer zu beobachten und so viel wie möglich über die Lebensweise einiger unserer häufigsten und dennoch faszinierendsten Vögel zu lernen. Die folgenden Seiten beschäftigen sich mit dem Studium des Verhaltens der Tiere beim Fressen, Trinken, Baden, Brüten, Nisten, bei der Mauser und der Schwarmbildung.

Beobachtung des Verhaltens

Die Erforschung des Verhaltens von Tieren, die Tierethologie, ist eine verhältnismäßig junge Wissenschaft. Erst im zwanzigsten Jahrhundert begannen Vogelkundler, die sich bis dahin nur in Museen und Laboratorien mit ihrem Forschungsgegenstand beschäftigt hatten, mit der Beobachtung in der freien Natur. Wissenschaftler wie Sir Julian Huxley, Konrad Lorenz und Nikolaas Tinbergen waren Pioniere auf diesem Gebiet; sie verbrachten lange Stunden mit der bloßen Beobachtung von Vögeln und zeichneten deren tagtäglichen Gewohnheiten und Verhaltensweisen auf. Sie entdeckten selbst bei den gewöhnlichsten Vögeln erstaunliche Dinge, wendeten ihre Erkenntnisse später auf das Tierverhalten im Allgemeinen an und entwickelten einige der wesentlichsten Theorien der modernen Wissenschaft.

Links: Stare sammeln sich besonders im Winter bei Einbruch der Dunkelheit zu Scharen. Man sieht sie zuweilen in Schwärmen über die Gärten hinwegfliegen.

Oben und rechts: Der Halsbandsittich, bei uns nur als Käfigvogel bekannt, ist ein Neuling in vielen Gärten der Londoner Vorstädte, wo er anscheinend günstige Lebensbedingungen vorfindet. Der Zilpzalp ist in den meisten Gärten ein häufiger Besucher.

Sie mögen vielleicht der Meinung sein, dass alles, was man über Vögel wissen kann, inzwischen bekannt ist, doch das ist bei weitem nicht der Fall. Noch vor wenigen Jahren vertraten Wissenschaftler die Auffassung, dass es bei den meisten Vögeln üblicherweise lebenslange Partnerschaften gebe und dass „Untreue" nur bei männlichen Artgenossen anzutreffen sei. Heute wissen

Oben: *Jungvögel wie diese Mönchsgrasmücke sind durch Räuber besonders gefährdet. Daher verstecken sie sich häufig im Laub der Bäume und Büsche.*

wir teils aus dem Studium gewöhnlicher Arten wie der Heckenbraunelle, dass der Geschlechterkampf ständig stattfindet, und dass, wenn überhaupt, die Weibchen sogar noch unbeständiger als ihre Partner sein können.

Bislang unübliche, moderne Arten von Futtergeräten und eine größere Futterauswahl locken stets neue Vogelarten in unsere Gärten, und so hört man auch immer wieder von neuen Verhaltensweisen. Das seit kurzem veränderte Überwinterungs- und Zugverhalten von zwei unserer häufigsten Grasmückenarten, der Mönchsgrasmücke und des Zilpzalp, wurde teilweise auch in Gärten beobachtet.

Selbst wenn Ihnen keine bedeutsame Entdeckung vergönnt ist, werden Sie dennoch Freude daran haben Ihre Gartenvögel aus größerer Nähe zu betrachten und sich ein paar Notizen zu den beobachteten Verhaltensweisen zu machen. Fassen Sie also den Vorsatz alles aufzuschreiben, was Sie sehen und scheuen Sie sich auch nicht bei jemandem nachzufragen, wenn Sie nicht sicher sind, weshalb ein Vogel ein bestimmtes Verhalten zeigt. Eine solche Beobachtung kann unter Umständen ungewöhnlicher sein als Sie denken.

Ihr Garten ist ein Mikrokosmos, in dem sich auch die Veränderungen widerspiegeln, die sich andernorts und im großen Maßstab vollziehen. Der große Vorteil eines Gartens besteht darin, dass Sie die Vorgänge darin wahrscheinlich ständig vor Augen haben – sei es nun bei Küchenarbeiten, vom Wohnzimmerfenster oder vom Wintergarten aus. Sie müssen für Ihre Beobachtungen also nicht irgendwohin gehen, können daher eventuell etwas mehr Zeit zum bewussten Schauen aufwenden und haben so bessere Chancen ungewöhnliche Verhaltensweisen zu registrieren und allmählich zu verstehen, welche Reaktionen bei Ihren gefiederten Gartengästen normal sind.

Links: *Fasane sind schöne Vögel mit vielfältigen, interessanten Verhaltensweisen. Dieses Männchen stößt von einem erhöhten Platz Rufe aus, mit denen es sein Revier gegen männliche Rivalen verteidigt.*

Jahreszeit und Verhalten

Das Verhalten der Vögel ist eng mit zwei Faktoren verbunden – mit den Jahreszeiten und mit der Witterung. Die Jahreszeiten bestimmen, wann die Vögel im Verband auf Nahrungssuche gehen, mit Partnersuche und Balz beginnen, ein Revier verteidigen oder sich mausern. Auch plötzliche Witterungsumschwünge, vor allem strenger Frost oder Trockenheit, wirken sich stark auf die Gewohnheiten der Vögel aus.

Die Veränderung der Tageslänge, d. h. das Verhältnis zwischen Helligkeit und Dunkelheit, wirkt sich auf das Nervensystem der Vögel aus. Die zunehmende Tageslänge im zeitigen Frühjahr löst den Beginn der Balz und der Nistaktivitäten aus, und im Herbst, nach der Brutsaison, lässt die immer kürzer werdende Helligkeitsdauer Grasmücken, Schwalben und andere Zugvögel zum Überwintern nach dem Süden ziehen.

Kurzfristigere, doch viel heftigere Auswirkungen auf das Verhalten von Gartenvögeln hat die Witterung. Ein plötzlicher Kälteeinbruch richtet unter den Singvögeln großen Schaden an, vor allem dann, wenn zum Frost auch noch Schneefall kommt. Gerade Kleinvögel müssen ständig fressen um den Winter zu überleben. Schon ein paar Stunden ohne Futter schwächen sie und führen oftmals zum Tod der gefiederten Sänger. Lange anhaltendes sonniges Wetter im Sommer ist zwar für brütende Vögel günstig, doch die Trockenheit kann zu Futtermangel führen. Lange Regenperioden wiederum sind in der Brutzeit ungünstig, da den Gelegen und Jungvögeln dann Wärme fehlt.

Die Witterung ändert sich von Jahr zu Jahr, doch mit der Zeit müssten sich ihre Auswirkungen eigentlich ausgleichen, so dass sich die Vogelpopulationen von einem harten Winter oder einer langen Trockenheit wieder erholen können. Heute jedoch, da ein globaler Klimawandel stattfindet, werden wir vielleicht Zeugen längerfristiger Veränderungen der Gewohnheiten, Verhaltensweisen und Populationen einiger der bekanntesten Vögel (siehe S. 65).

Die Jahreszeiten für die Vögel entsprechen nicht ganz der traditionellen Bedeutung von Frühjahr, Sommer, Herbst und Winter für den Menschen. Diese Begriffe können in gewisser Weise sogar verwirren; das ist beispielsweise der Fall, wenn von Sommer- und Wintergefieder gesprochen wird, eigentlich aber das Brutkleid und das Ruhekleid gemeint sind. Ich bevorzuge die Einteilung in drei ausgeprägte „Jahreszeiten", die sich nicht streng nach dem Kalender richtet, sondern dem Verhalten der Vögel entspricht.

Oben: *Die Rotdrossel und die Wacholderdrossel tun sich im Herbst und im Winter zusammen mit Standvogelarten wie der Mönchsgrasmücke gemeinsam an Fallobst gütlich. Obst ist vor allem unter harten Witterungsbedingungen eine ausgezeichnete Energiequelle für die Vögel.*

Unten: *Gerade in einem strengen Winter ist es wichtig den Gartenteich eisfrei zu halten. Der Versuch dieser Misteldrossel aus dem Teich zu trinken, ist wohl fehlgeschlagen.*

Diese „Jahreszeiten" sind:

- **Brutzeit** – die Periode, in der das Revier durch Gesang festgelegt wird, Balz, Nestbau, Eiablage stattfinden und die Jungen aufgezogen werden, bis sie flügge sind und /oder das Nest verlassen.
- **Nachbrutzeit** – der recht kurze Abschnitt nach der eigentlichen Brutzeit, in der sich die ausgewachsenen Vögel mausern und ein neues Federkleid anlegen, während die Jungen die Umgebung ihres Nestes erkunden und die Zugvögel sich auf den Flug in den Süden vorbereiten.
- **Ruhezeit** – die Zeit, in der sich die meisten Vögel mit ihren Artgenossen (gelegentlich auch mit Vögeln anderer Arten) zusammentun und Schwärme bilden, was in der Regel ihrer Sicherheit dient und die Chancen bei der Futtersuche verbessern soll, oder in der sich einige Arten fern von ihrem Brutplatz an ihrem Winterstandort aufhalten.

Natürlich sind die Grenzen zwischen diesen Kategorien fließend – nicht zuletzt deshalb, weil die Brutzeit der einzelnen Arten nicht auf den Tag genau beginnt und endet. Manche Taubenarten beispielsweise können faktisch das ganze Jahr über brüten, und Vogelgesang hört man bei mildem Wetter mitunter auch schon im Januar. Die milden Winter der letzten Jahre haben Berichten zufolge dazu geführt, dass manche Singvögel, von den hohen Temperaturen verwirrt, im Spätherbst zu brüten begonnen haben.

Manche Sommergäste, d.h. Zugvögel aus Afrika, treffen bereits im März hier ein, so wie es beim Zilpzalp der Fall ist, während andere nicht vor Ende April oder gar erst im Mai zurückkommen. Der Grauschnäpper ist mitunter erst Ende Mai wieder bei uns. Viele

Oben: *Buchfinken bauen ihre napfförmigen Nester aus Moos und Gras meist in Gebüschen, Hecken oder kleinen Bäumen. Die Männchen tragen von einem erhöhten Platz in Nestnähe ihr Lied vor.*

Zugvögel verbringen nur kurze Zeit in Europa; die meisten Kuckucke und Mauersegler verlassen ihr Brutgebiet schon im August wieder. Andere Zugvögel wie die Mehlschwalbe bleiben bis weit in den September, in manchen Gegenden sogar bis Oktober hier.

Natürlich gibt es darüber hinaus viele regionale Unterschiede. In nördlicheren Gefilden beginnen die Vögel später zu brüten als weiter südlich. Auch verlassen die Vögel die weiter im Norden gelegenen Brutgebiete eher um die Reise in die wärmeren Winterquartiere anzutreten.

Ankunft und Abreise der Zugvögel richten sich bei weitem nicht nach dem Kalender, sondern in vielen Fällen nach den vorherrschenden Witterungsbedingungen. Mittlerweile ändert die globale Erwärmung zweifellos auch die Verhaltensmuster der Vögel, so dass die Unterschiede zwischen den althergebrachten Zeitabschnitten allmählich noch weiter verwischt werden, weil der Frühling eher kommt und der Herbst länger dauert als je zuvor.

Fressverhalten

Eine Verhaltensform, die Sie in Ihrem Garten wahrscheinlich regelmäßig beobachten werden, ist das Fressverhalten. Unterschiedliche Vogelarten ernähren sich auf unterschiedliche Weise von unterschiedlichem Futter und grenzen sich dadurch ökologisch gegen ihre Verwandten ab. Ein Buchfink beispielsweise sucht seine Nahrung hauptsächlich am Boden, wogegen der Stieglitz lieber auf den Fruchtständen verschiedener Stauden sitzt und die Samen mit seinem sehr spitzen Schnabel herauspickt.

Die von Natur aus bestehenden Unterschiede im Fressverhalten zeigen sich möglicherweise gar nicht so deutlich, wenn Sie verschiedene Futtergeräte aufstellen. Die Erdnuss- oder Sämereienbehälter werden beispielsweise von mehreren Meisen-, Finken-, Sperlings- und Starenarten sowie von Rotkehlchen aufgesucht. Diese Tiere werden jetzt zu einem künstlichen Wettbewerb miteinander gedrängt, doch wenn Sie weiterhin regelmäßig Futter bereitstellen, müsste es eigentlich für alle reichen.

Manche Arten weisen sich im Vergleich zu anderen als regelrechte Futterspezialisten aus. Sie halten sich entweder an Sämereien oder tierische Nahrung in Form von Insekten. Bei anderen Spezies wiederum wechselt das Fressverhalten abhängig von der Jahreszeit; die Jungvögel werden mit Raupen und Insekten gefüttert und ernähren sich später wie ihre Eltern von Sämereien oder Nüssen. Einige Arten, unter ihnen auch die Mönchsgrasmücke, haben ihr Fressverhalten in den letzten Jahren deutlich geändert. Sie sind heute weniger wählerisch und nehmen eine größere Vielfalt natürlicher wie auch künstlicher Nahrung, d. h. vom Menschen bereitgestellter Nahrung zu sich. Manche Arten haben für sich inzwischen neue Futterquellen entdeckt. So sind in Großbritannien, wo morgens die bestellte Milch in Flaschen mit Deckeln aus Alufolie vor dem Haus steht, die Blaumeisen dahintergekommen, dass man die Deckel aufpicken muss um etwas trinken zu können, und die überwinternden Artgenossen des Zilpzalp suchen inzwischen auch Futterstellen mit Erdnüssen auf.

Noch vor dreißig Jahren ließen sich Zeisige nur selten in Gär-

Links: *Seit einigen Dutzend Jahren kann man in Großbritannien beobachten, dass Blaumeisen die Verschlüsse von frei Haus gelieferten Milchflaschen aufpicken und sich an der Milch gütlich tun.*

ten sehen und tauchten auch nur dort auf, wo der Garten in der Nähe eines ausgedehnten Waldgebietes lag. Heute sind sie vielerorts bekannte Futtergäste und drängen sich mit häufiger auftretenden Verwandten wie den Stieglitzen an den Futterstellen.

Geben Sie also Acht auf bekannte Arten, die neue Futterarten zu sich nehmen oder sich beim Fressen anders verhalten, und machen Sie sich Notizen darüber (siehe S. 65). Ein solcher beobachteter Fall ist vielleicht etwas Einmaliges oder der Beginn einer größeren Entwicklung.

Unten: *Im Winter ernähren sich Mönchsgrasmücken und andere Insektenfresser von energiereichem pflanzlichem Futter wie beispielsweise Zwergmispelbeeren.*

Trinken und Baden

Vögel brauchen Wasser zum Trinken und zum Baden. Ihr Verhalten an der Vogeltränke oder am Gartenteich kann uns mitunter stundenlang unterhalten. Die meisten Vögel müssen einmal bis vier- oder fünfmal am Tag trinken; wie oft sie die Wasserstelle aufsuchen, hängt vor allem von ihrer Nahrung ab. Ein Samenfresser wie der Grünling muss öfter trinken als ein Vogel, der sich wie der Zaunkönig vor allem von Insekten ernährt, denn Sämereien enthalten weniger Feuchtigkeit.

Beim Trinken zeigt jeder Vogel ein ganz eigenes Verhalten. Die meisten sind ständig auf der Hut vor drohenden Gefahren, denn im Moment des Trinkens können sie leicht zum Opfer einer Katze oder eines anderen Räubers werden. Singvögel haben daher die Gewohnheit mehrere rasche Schlückchen aufzunehmen und einer Tränke oder einem Teich öfter ein paar kurze Besuche abzustatten.

Das gleiche gilt für das Baden, das für die Säuberung und die Pflege des Federkleides wichtig ist. Die meisten Vögel baden, indem sie sich ins flache Wasser setzen, ihr Gefieder sträuben und rasch schütteln, so dass die Federn mit Wasser besprüht werden, ohne dabei völlig durchzuweichen. Nach dem Bad suchen die Tiere oftmals eine sonnige Stelle auf, wo sie ihr Gefieder während des Trocknens wieder herrichten.

Einige Arten, darunter auch der Haussperling, bevorzugen das Baden im Staub; sie säubern ihre Federn, indem sie sie mit winzigen Sandkörnchen „abreiben". Ein solches Staubbad befreit die Vögel außerdem von so manchen Parasiten, denen Wasser allein nichts anhaben kann.

Oben: Auch Gebirgsstelzen können sich in Ihrem Garten einfinden – vor allem dann, wenn Sie einen Teich haben, der viele Insekten anlockt.

Links: Selbst so gewöhnliche Vögel wie den Star beim Baden zu beobachten vermittelt uns einen guten Einblick in das Verhalten der Tiere. Die Vogeltränke ist ein sicherer Badeplatz, da Katzen dort kaum Zugang haben.

Brutverhalten

Das Thema Brutverhalten ist ein weites Feld. Allein zu einer Komponente dieses Verhaltenszweiges, dem Vogelgesang, sind ganze Bücher verfasst worden, und man hat schon viele Stunden der wissenschaftlichen Beobachtung und des Theoretisierens auf den Versuch verwandt das Brutverhalten und die damit verbundenen Vorgänge zu erklären.

Lassen Sie sich davon aber nicht abschrecken. Es weiß jeder die Schönheit des Drosselgesangs zu schätzen, und jeder kann sich an den lustigen Possen rivalisierender Rotkehlchenmännchen oder am Auftauchen eines Familienverbands von Schwanzmeisen erfreuen. Alles was Sie brauchen, ist ein elementares Verständnis dessen, was sich vor Ihren Augen abspielt und welche Phase eines Vorgangs Sie gerade beobachten.

Das Brüten ist neben der Futteraufnahme der wichtigste Teil des Verhaltens der Vögel. Nur durch die Fortpflanzung kann ein Vogel seine Gene an eine andere Generation weitergeben. Vielen Singvögeln bleibt dafür nicht viel Zeit, da ihre Lebenserwartung selten mehr als drei oder vier Jahre übersteigt.

Das Brutverhalten lässt sich in mehrere Bestandteile gliedern, die sich zwangsläufig auch überlagern, da sie alle Teil desselben Prozesses sind.

Oben: Das Rotkehlchen ist der einzige Gartenvogel, dessen Gesang das ganze Jahr über, auch im Herbst und im Winter, zu hören ist.

Vogelgesang und Vogelrufe

Der Vogelgesang gehört zu den Erscheinungen in der Natur, an denen wir uns immer wieder aufs Neue erfreuen. Die Schönheit der Vogelstimmen wird aber noch weit von der Bedeutung des Gesanges übertroffen. Der Gesang der Männchen hat zwei Gründe: Zum einen wird damit männlichen Rivalen angezeigt, dass ein bestimmtes Revier besetzt ist, und zum anderen wirbt das Männchen mit seinem Lied um eine Partnerin. Er ist üblicherweise zweimal am Tag zu hören – sehr früh am Morgen und dann wieder am Spätnachmittag und Abend. Das so genannte „Dämmerlied" ist bei Tagesanbruch oftmals fast schon vorbei, da sich die Vögel, sobald es hell wird, mit wichtigeren Dingen wie etwa der Nahrungssuche beschäftigen müssen.

Viele Vögel suchen sich für ihren Gesang einen bestimmten Standort; das ist häufig eine hoch gelegene Stelle in einem Baum oder an einem Gebäude, von wo aus sie mit größerer Wahrscheinlichkeit von Rivalen wie auch von Weibchen gehört werden.

Um den Vogelgesang zu hören, brauchen Sie nichts weiter als Ihre Ohren. Um die Kom-

Unten: Der Buchfink singt im Frühjahr von einer erhöhten Stelle in einem Busch oder Baum, oftmals auch in Gärten.

Unten: *Die Heckenbraunelle ist normalerweise ein scheuer Vogel, doch Revierverteidigung und Partnersuche betreiben die Männchen im Frühjahr mit großem Einsatz.*

Oben: *Türkentauben können bei mildem Wetter und ständigem Nahrungsangebot mehrmals im Jahr brüten.*

plexität des Gesanges richtig würdigen zu können, müssen sie die Lieder mit einem Tonbandgerät aufnehmen und langsam abspielen. Dann können Sie hören, dass eine vermeintlich einzelne Note tatsächlich eine komplizierte Abfolge von Lauten ist, die scheinbar gleichzeitig, in Wirklichkeit aber getrennt hervorgebracht werden.

Das Erkennen eines Vogelliedes erfordert Übung; eine gute Hilfe sind CDs oder Audiokassetten mit mannigfaltigen Vogelstimmen und Vogelrufen. Aber um ehrlich zu sein – es gibt nichts, das die praktische Erfahrung ersetzen könnte, und da die Gartenvögel Tag für Tag erscheinen, haben Sie ausreichend Gelegenheit sich mit den Rhythmen, Tönen und Stimmen vertraut zu machen, die einen Sänger von den übrigen unterscheiden.

Zu der breiten Skala stimmlicher Äußerungen der Vögel gehören auch die Warnrufe. Ein Beispiel dafür ist der laute Ruf, den die Amsel beim Nahen einer Katze ausstößt. Diese Rufe zu erlernen hilft Ihnen unter Umständen einen Sperber oder andere Räuber auszumachen.

Balz

In der Vergangenheit herrschte die Auffassung vor, dass Vögel grundsätzlich in Einehe leben, was ja auf manche Arten wie z. B. den Höckerschwan oftmals auch zutrifft. Unter den kleineren Vögeln hingegen ist ein lockeres Sexualverhalten einschließlich wahlloser Geschlechtsbeziehungen und Partnertausch an der Tagesordnung.

Rechts: *Männliche Rotkehlchen sind angriffslustige Vögel, die zur Verteidigung ihres Reviers oftmals so lange kämpfen, bis der Eindringling verwundet oder gar tot ist.*

Das alles geschieht jedoch aus gutem Grund. Wichtig ist nicht allein, dass sich ein Vogel fortpflanzt, sondern dass er dazu auch den richtigen Partner findet, denn er muss kräftige, gesunde Junge erzeugen, die ihrerseits überleben müssen um brüten und sich fortpflanzen zu können. Außerdem weiß ein Männchen im Gegensatz zum Weibchen gar nicht, ob die Küken, an deren Aufzucht es sich beteiligt, wirklich seine Jungen sind. Indem ein Vogelmännchen also möglichst viele Partnerinnen für sich gewinnt, steigert es die Chancen seine Gene weiterzugeben. Das Weibchen wiederum hält Ausschau nach einem gesunden Vater für seinen Nachwuchs und paart sich zu diesem Zweck mit mehreren Männchen.

Mit dem Brutverhalten haben auch die Kämpfe im Frühjahr zu tun. Die Männchen kämpfen nicht nur um ein bestimmtes Territorium, sondern müssen das einmal gewonnene Revier dann auch immer wieder gegen ihre Rivalen verteidigen.

In der Zwischenzeit müssen sie um die Weibchen werben. Dieses Werben umfasst oftmals komplizierte rituelle Verhaltensweisen wie das Picken, das Zurschaustellen des Gefieders und stimmliche Äußerungen. Besonders bemerkenswert ist das Balzverhalten der bescheidenen Felsentaube, deren Männchen sich bei dem Versuch dem scheinbar uninteressierten Weibchen den Hof zu machen, in vollendete Romeos verwandeln.

Auch wenn sich das Pärchen bereits gefunden hat, verwendet das Männchen noch viel Energie darauf die Bindung zu festigen, damit es nicht von einem anderen Männchen zum Hahnrei gemacht wird.

Die Brutsaison ist für die Vögel eine schwere Zeit. Die Verteidigung des Reviers, das Werben um eine Partnerin, der ständige Kampf um sie und die anschließende Aufzucht der Jungen erschöpfen die Kräfte der Männchen. Doch der Bruttrieb ist stets stärker.

Rechts: *Nach dem Schlüpfen der Jungen haben die Zaunkönigeltern viel zu tun um Raupen und andere Leckerbissen für ihre hungrigen Küken aufzutreiben. Diese Vogeljungen sind schon bald flügge und verlassen dann die Sicherheit des Nestes.*

Nestbau

Die nächste Phase der Brutzeit ist der Bau eines Nestes. Das ist allerdings nicht so einfach wie es klingt. Zaunkönigmännchen bauen oftmals mehrere Nester und führen ihre Auserwählte dann von einem zum anderen, ehe das Weibchen endgültig entscheidet, wo es seine Eier legt. Andere Vögel beginnen ein Nest zu bauen und geben es dann wieder auf; der Grund dafür ist möglicherweise eine zu große Unruhe in der unmittelbaren Umgebung des Nestes. Die Wahl des Nistplatzes ist wichtig und wird daher mit entsprechendem Aufwand betrieben.

Achten Sie im zeitigen Frühjahr, d.h. etwa ab Februar, auf Vögel, die Stroh, trockene Gras-

Oben: Achten Sie im zeitigen Frühjahr auf Vögel, die wie dieser Star Material zum Bau ihrer Nester sammeln.

Unten: Mehlschwalben füllen ihre Schnäbel mit kleinen Erdklumpen, die sie dann unter irgendeinen Dachsims tragen, wo das halbkugelige Nest entstehen soll.

halme oder ähnliches Nistmaterial im Schnabel tragen. Die Vögel fliegen vielleicht zu einem Gebüsch oder zu einer Hecke, wo sie das Material ablegen und dann wieder losfliegen um noch mehr davon zu holen. Das ist ein sicheres Zeichen dafür, dass sie ein Nest bauen. Wenn Sie können, widerstehen Sie der Versuchung an der bewussten Stelle nachzuschauen, denn zu diesem Zeitpunkt geben die Tiere bei einer Störung den Standort höchstwahrscheinlich auf und suchen sich anderswo einen Nistplatz.

Das gleiche gilt für Meisen und andere Höhlenbrüter, die sich zum Nisten eine Baumhöhle suchen oder gar in einen Ihrer Nistkästen einziehen.

Eiablage und Bebrütung

Ist das Nest fertig, kommt für das Weibchen die Zeit der Eiablage. Die Größe des Geleges kann von ein oder zwei Eiern bei Tauben bis zu zehn oder gar zwölf bei mehreren Meisenarten variieren. Die Weibchen legen in der Regel ein Ei pro Tag; die Bebrütung beginnt erst dann, wenn das Gelege vollständig ist, so dass die Jungen dann etwa zur gleichen Zeit schlüpfen.

Auch die Brutdauer ist von Art zu Art und von Familie zu Familie unterschiedlich. Die Küken der Bachstelze schlüpfen schon nach elf Tagen, während die Eier der meisten Singvögel zwei bis drei Wochen bebrütet werden müssen. In dieser Zeit bekommen Sie die Elternvögel möglicherweise nur selten zu Gesicht, da das Weibchen für gewöhnlich auf den Eiern sitzt und brütet, und das Männchen nur hin und wieder auftaucht, damit es nicht irgendwelchen Räubern den Standort des Nestes verrät. Manche Arten teilen sich in das Brutgeschäft, während bei anderen Spezies diese Pflicht dem geduldigen Weibchen obliegt.

Entwicklung der Küken

Die wirklichen Strapazen beginnen, wenn die Küken schließlich geschlüpft sind. Dann müssen die Vogeleltern von früh bis spät Futter herbeischaffen um ihre hungrigen Jungen zu ernähren. Das ist mitunter nicht einfach, besonders wenn schlechtes Wetter die Zeit für die Nahrungssuche einschränkt. Legen Sie also in dieser Jahreszeit Futter aus, leisten Sie den Vögeln lebenswichtige Hilfe.

Die meisten Singvogelküken kommen faktisch blind und abgesehen von einem spärlichen Flaumkleid nackt zur Welt, und sind in dieser Lebensphase gänzlich abhängig von der elterlichen Fürsorge. Sie müssen nicht nur geatzt, sondern auch warm gehalten werden; für die nötige Wärme sorgt in der Regel der Elternvogel, der gerade nicht auf

Oben: *Ein Starengelege besteht aus vier bis sieben blassblauen, glänzenden Eiern. Das napfförmige Nest wird aus Stroh und Gras hergerichtet und ist mit Federn ausgepolstert.*

Unten: *Nach dem Schlüpfen der Küken sind die Vogeleltern – hier eine Singdrossel – von Tagesanbruch bis zum Abend auf Futtersuche für ihre hungrige Brut.*

Futtersuche ist. Beginnen die Küken etwas heranzuwachsen, verlassen beide Eltern das Nest um Nahrung zu beschaffen.

Nach kurzer Zeit – meist eine oder zwei Wochen nach dem Schlüpfen – werden die Jungvögel ihren Eltern immer ähnlicher, verlieren ihr flaumiges Daunenkleid und lassen sich „ordentliche" Federn wachsen. Nach acht Tagen bis fünf Wochen sind die Jungen flügge. Sie besitzen dann ein vollständiges Gefieder, verlassen das Nest und lernen für sich selbst zu sorgen.

Mehrere Jahresbruten

Für die Vogeleltern hat die geschäftige Zeit dann möglicherweise erst begonnen. Manche Arten führen ihre gerade flügge gewordenen Jungen mitunter noch eine Weile, sind aber schon wieder mit dem Brüten beschäftigt und ziehen eine, zwei, drei oder sogar vier weitere Bruten groß.

Nicht alle Gartenvögel brüten mehrmals im Jahr. Die meisten Meisenarten beispielsweise ziehen nur eine Brut auf und verwenden ihre ganze Zeit und Kraft darauf von dieser einen Jahresbrut

Oben: Schwanzmeisen verbringen nach dem Verlassen des Nestes noch einige Wochen oder Monate in Familientrupps, die zusammen Futter suchen und die Nacht an gemeinsamen Schlafplätzen verbringen.

die größtmögliche Zahl Küken am Leben zu erhalten. Sie unterstützen die Jungen oftmals noch lange, nachdem diese das Nest verlassen haben, bei der Futtersuche.

Keine dieser beiden Strategien ist besser oder schlechter als die andere. Die Vögel tun genau das, was über Generationen hinweg ihren Lebensbedingungen angemessen war. Ermöglicht aber beispielsweise die globale Erwärmung eine längere Brutzeit, werden manche Arten ihr Brutverhalten vielleicht allmählich ändern und nicht nur einmal, sondern mehrmals im Jahr Nachwuchs aufziehen.

Erste Hilfe für Jungvögel

Jedes Jahr im Juni, Juli und August werden Vogeljunge gefunden, die dem Anschein nach aus ihrem Nest gefallen sind. Was tut man in einem solchen Fall?

Die Antwort lautet ganz einfach – nichts. Ganz und gar falsch wäre es, den Findling aufzuheben und mit nach Hause zu nehmen; er würde so gut wie sicher eingehen. Der Grund dafür ist, dass das Tier wahrscheinlich gar nicht aus dem Nest gefallen, sondern gerade flügge geworden ist und das Nest aus eigenem Antrieb verlassen hat bzw. von seinen Eltern dazu gedrängt wurde. Die Vogeleltern befinden sich meistens ganz in der Nähe, und die Anwesenheit eines Menschen hält sie nur vorübergehend von der Fürsorge für ihr Junges ab.

Eine Ausnahme können Sie machen, wenn Sie direkt unter einem Vogelnest ein noch ungefiedertes Junges gefunden haben, das ohne Zweifel nackt, blind und hilflos ist. Dann ist das Tier *tatsächlich* aus dem Nest gefallen. Ist es noch am Leben, sollten Sie es so schnell wie möglich wieder ins Nest zurück setzen und einfach nur das Beste hoffen. Gelingt Ihnen das

nicht, ist das Schicksal des Vogels besiegelt, denn er ist nicht in der Lage ungeschützt vor Wind und Wetter zu überleben. In einem solchen Fall ist die einzige humane Alternative das Junge möglichst rasch zu töten.

Finden Sie ein Vogeljunges und sind nicht sicher, wie Sie sich verhalten sollen, wenden Sie sich an Ihre Landesgeschäftsstelle des Naturschutzbundes Deutschland oder an eine ähnliche Einrichtung. Die Adressen finden Sie auf den Seiten 152 – 154.

Unten: Junge Rotkehlchen, die bereits flügge sind, werden von ihren Eltern noch eine Zeit lang gefüttert. Ihr graubraunes, am Rücken hell geflecktes Jugendkleid verlieren sie erst nach mehreren Monaten. Finden Sie einen Jungvogel auf Ihrem Rasen, halten Sie sich fern und beobachten Sie die Szene – schon bald wird ein Elterntier mit Futter zurückkommen.

Mauser

Für viele Vögel ist die Brutsaison im Juli bzw. August mehr oder weniger vorüber. Dann sehen die Altvögel erschöpft und zerzaust aus, denn sie haben so viel Zeit mit dem Füttern ihres hungrigen Nachwuchses verbracht, dass die Pflege des eigenen Gefieders dabei zu kurz gekommen ist. Die meisten Singvögel nutzen die Zeit des reichen Nahrungsangebots in der Natur zur Mauser und ersetzen ihr altes, abgetragenes Federkleid durch ein neues prächtiges Gefieder. Das kann mehrere Wochen dauern, in denen sie zurückgezogen leben, um sich nicht dem Angriff eines Räubers auszusetzen. Der Sommer ist für die Mauser auch aus einem anderen Grund günstig: Die Tiere können sich im üppigen Laub der Bäume und Sträucher verbergen, und es besteht nicht die Gefahr eines Kälteeinbruchs, solange das neue Gefieder noch nicht voll ausgebildet ist.

Die Mauser ist für Standvögel und Zugvögel gleichermaßen wichtig. Standvögel, die ihr Brutgebiet nicht verlassen, müssen ihr Gefieder in ausgezeichnetem Zustand halten um den Härten des Winters gewachsen zu sein. Zugvögel brauchen ein intaktes, funktionstüchtiges Federkleid für ihre anstrengende, mitunter tausende Kilometer lange Reise in die Winterquartiere.

Auch Jungvögel, d.h. Vögel, die im selben Jahr geschlüpft sind, mausern sich im Spätsommer oder Frühherbst und tragen von da an meistens das gleiche Gefieder wie ihre Eltern.

Oben: *Junge Stare legen ihr Jugendkleid nach und nach ab; dabei erscheinen die Flecken an Flanken und Bauch zuerst. Zu dieser Zeit lassen sich die Tiere manchmal nur schwer bestimmen.*

Unten: *Bei diesem jungen Grünspecht hat die Mauser bereits begonnen. Anstelle des Jugendkleides erscheint nach und nach das olivgrüne Gefieder und die leuchtend rote Kopfkappe der Altvögel.*

Schwarmbildung

Gegen Ende des Sommers oder im Früh-herbst beginnen viele Vogelarten mehr oder weniger große Schwärme und Trupps zu bilden. Dieses Verhalten hat mehrere Gründe. In erster Linie hat ein Vogel, der zu einem Verband gehört, mehr Chancen Fut-ter zu finden als wenn er allein auf Nah-rungssuche geht. Die Zugehörigkeit zu ei-ner größeren Gruppe schützt ihn auch viel besser davor von einem Räuber angegrif-fen und getötet zu werden. Dazu kommt, dass jedes Individuum eines mehr oder weniger großen Schwarms in kalten Win-ternächten bessere Überlebenschancen hat, da die Tiere eng zusammenrücken und sich gegenseitig wärmen können.

Manche Arten, darunter auch die Stare, bilden riesige Schwärme, die man an be-stimmten Orten am Abendhimmel umher-fliegen sehen kann. Andere wie beispiels-weise die Bachstelzen, sammeln sich in Gruppen zu 50 oder 100 Vögeln und su-chen dann oftmals einen Baum oder Busch, in dem sie übernachten können.

Am deutlichsten wird die Schwarmbildung als Verhaltens-weise bei den Meisentrupps. Vom Herbst an können Sie die hell klingenden Rufe hören, die auf die An-wesenheit eines kleinen Meisenverbands aufmerksam machen. Hier finden sich Angehörige unterschiedlicher Arten zu-sammen – die häufiger auftretenden Blau-, Kohl-, Tannen- und Schwanz-meisen, doch auch seltenere Spezies wie Sumpf- oder Weidenmeisen und zu-weilen sogar ein Baumläufer oder am Ende des Schwarms ein Kleinspecht. Die Meisentrupps absolvieren ihren Rund-flug über mehrere Gärten, halten sich eine Weile an den Futtergeräten auf und verwenden den Rest ihrer Energie darauf an Zweigen und Ästen winzige Lecker-bissen aufzustöbern, die ihre Kraftreser-ven ergänzen.

Oben: *Elstern sind gesellige Vögel, die meist in kleinen Trupps umherfliegen.*

Links: *Im Winter tun sich kleinere Vögel wie Meisen und Wintergoldhähnchen zu-sammen um die spärlichen Futterquellen aufzuspüren.*

Flugrouten

Im Herbst und im Winter bilden auch größere Vögel lockere Schwärme. Das ist vor allem abends und früh am Morgen zu beobachten, wenn die Tiere ihre Übernachtungsplätze aufsuchen bzw. wieder verlassen. Liegt Ihr Haus an einer Vogelflugroute, können Sie wahre Naturschauspiele verfolgen, wenn hunderte, mitunter sogar tausende von Vögeln über Sie hinwegfliegen. In Gegenden, in denen es größere Wasserflächen wie z. B. Staubecken oder vollgelaufene Kiesgruben gibt, sind besonders häufig Möwen anzutreffen, die sich zur Nachtruhe am Wasser versammeln. In ihrer Gesellschaft trifft man auch Rabenkrähen, Saatkrähen und Dohlen, die ihre Anwesenheit mit ihren charakteristischen Rufen verraten. Auch Drosseln, vor allem Wacholderdrosseln und Rotdrosseln, fliegen regelmäßig in Schwärmen oder Trupps über die Gärten dahin.

Haben Sie vor eine Vogelflugroute zu beobachten, ziehen Sie sich warm an und suchen Sie sich in Ihrem Garten einen erhöhten Platz, an dem Sie eine gute Sicht auf den Himmel rundum haben. Wollen Sie die Vögel bei ihrem Überflug sogar zählen, richten Sie sich darauf ein, dass Sie bei größeren Schwärmen die Anzahl der Tiere nur schätzen können. Geben Sie Ihren Beobachtungsposten mit Einbruch der Dunkelheit noch nicht auf; die Vögel halten sich vor allem bei kalter Witterung so lange wie möglich an ihren Futterplätzen auf, und die größten Schwärme kommen vielleicht erst vorüber, wenn es schon fast dunkel ist.

Oben: *Achten Sie im Herbst und Winter auf Vogelschwärme – hier ein Möwenschwarm –, die frühmorgens von ihren Schlafplätzen zu den Futterstellen fliegen und in der Abenddämmerung wieder zurückkehren.*

Unten: *Auch Dohlen verlassen ihre Übernachtungsstätten regelmäßig in großen Schwärmen und lassen im Flug ihre Rufe ertönen.*

Registrieren von Gartenvögeln

Aufzeichnungen über die Vögel zu machen, die Ihren Garten oder dessen nähere Umgebung besuchen oder einfach nur darüber hinwegfliegen, ist nicht nur zu Ihrem eigenen Vorteil, sondern kann sich auch als nützlich für die Erhaltung dieser Tiere erweisen. Aus diesen Daten lassen sich u. a. Veränderungen bei den häufig auftretenden Vogelpopulationen ablesen.

Ich besitze ein kleines, handliches Notizbuch im Format A5, in dem ich das Erscheinen von Vögeln in meinem Garten registriere – die unterschiedlichen Arten, Zeitpunkt und Anzahl der Vögel, ungewöhnliches Verhalten und Zahl der Schwärme. Dieses Notizbuch ist vier Monate nach dem Umzug in ein neues Heim bereits eine spannende Lektüre und spornt mich an die Vögel öfter zu beobachten, als es vielleicht sonst der Fall wäre.

Sie entscheiden zwar selbst, wie detailliert Ihre Eintragungen sein sollen, doch ich schlage Ihnen vor dabei zumindest folgende Dinge zu registrieren:

- Die unterschiedlichen Arten (auch jene, die über Ihren Garten nur hinwegfliegen und die Sie dabei zweifelsfrei bestimmen können);
- Datum, Uhrzeit der Beobachtung und Anzahl der einzelnen Vögel;
- besonderes Verhalten (vor allem ungewöhnliche Ereignisse);
- Art des Futters, das die Vögel aufnehmen (zum Anpassen Ihres Fütterungsprogramms).

Oben: *Im Garten eine Rarität wie den einst so häufigen Feldsperling zu finden ist sicherlich eine Registrierung wert. Notieren Sie, wann und wo Sie den Vogel gesehen haben und was er zum Zeitpunkt der Beobachtung gerade getan hat.*

Unten: *Mit Hilfe Ihrer Beobachtungsnotizen können Sie auch weniger bekannte Vögel wie den Bergfinken bestimmen. Die detaillierte Beschreibung hilft Ihnen diesen Vogel von dem häufiger auftretenden Buchfinken zu unterscheiden.*

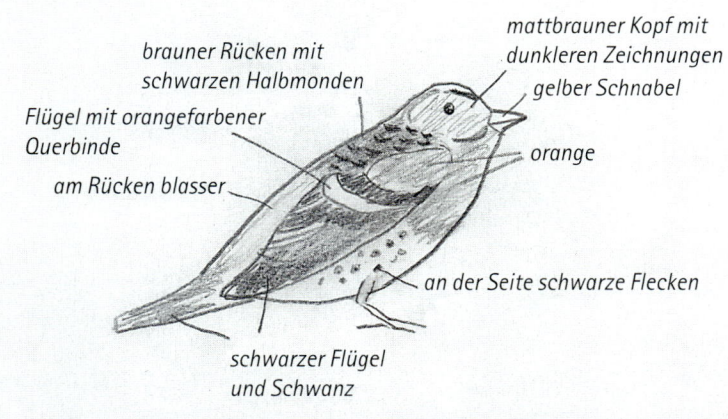

kalt und frostig

12. Dez.

brauner Rücken mit schwarzen Halbmonden

mattbrauner Kopf mit dunkleren Zeichnungen

gelber Schnabel

Flügel mit orangefarbener Querbinde

am Rücken blasser

orange

an der Seite schwarze Flecken

schwarzer Flügel und Schwanz

– sucht auf dem Feld neben dem Haus zusammen mit Buchfinken am Boden Futter
– gleiche Größe und Körperform wie Buchfinken
– zeigt beim Wegfliegen weißen Rücken
– Ruf im Flug quäkend, keuchend

Klimawandel und Gartenvögel

Es kann wohl niemandem verborgen bleiben, dass wir gegenwärtig einen größeren Klimawandel erleben, der auch eine spürbare Wirkung auf das Verhalten unserer Gartenvögel haben könnte. Eigentlich hat sich diese Veränderung bereits bemerkbar gemacht. Vor einigen Jahren entdeckten britische Forscher anhand der Aufzeichnungen von Amateurbeobachtern eine erstaunliche Tatsache. Sie stellten fest, dass viele Vögel, die in Großbritannien häufig auftreten, jetzt durchschnittlich bis zu zwei Wochen früher mit dem Nestbau und der Eiablage beginnen als noch vor dreißig Jahren. Diese Verhaltensänderung beruht zweifellos auf den Auswirkungen der globalen Erwärmung, die den Frühling in einigen Gegenden Großbritanniens neuerdings zwei oder gar drei Wochen früher einsetzen lässt.

Das scheint zunächst eine erfreuliche Nachricht für unsere

Links: *Der Klimawandel bringt möglicherweise wärmere Sommer. Dann brüten die auf dem europäischen Kontinent verbreiteten Vögel wie der exotisch aussehende Bienenfresser vielleicht auch in nördlicheren Gefilden.*

Unten: *Mildere Winter könnten Wintergäste aus dem Norden und Osten wie dieses Bergfinkmännchen veranlassen den Winter über näher an ihren Brutorten zu bleiben.*

Gartenvögel zu sein; die Tiere hätten bessere Chancen mehr Junge aufzuziehen. Doch längerfristig betrachtet könnte sich der Klimawandel verheerend auswirken. Brütende Vögel sind darauf angewiesen, dass aufgrund des natürlichen Zusammenspiels zur Brutzeit auch ausreichend Beutetiere existieren. Wenn die Blaumeisen schlüpfen, gibt es normalerweise Unmengen von Raupen, mit denen die Jungvögel von ihren Eltern gefüttert werden. Hat die globale Erwärmung aber weitere Veränderungen zur Folge, werden die verschiedenen Organismen auf unterschiedliche Weise darauf reagieren, so dass der Brutzyklus eines Vogels schon bald nicht mehr parallel mit der Entwicklung der wichtigsten Nahrungsquelle verläuft.

Dazu kommt, dass die meisten Zugvögel eher durch die Änderung der Tageslänge als durch die jahreszeitlich sinkenden bzw. steigenden Temperaturen veranlasst werden, die Reise in ihre Winterquartiere bzw. die Rückreise in die Brutgebiete anzutreten. Kehren die Tiere nun weiterhin zur gewohnten Zeit zurück, finden sie möglicherweise nicht mehr die Nahrungsquellen vor, auf die sie angewiesen sind. Sie werden dann mit den im Brutgebiet überwinternden Standvogelarten konkurrieren müssen, die früher als sonst mit dem Brutgeschäft beginnen konnten.

Zugvögel leiden auch auf andere Weise unter der globalen Erwärmung. Vermehrt auftretende schwere Trockenheiten in Afrika könnten ihre Überwinterungsgebiete und Rastplätze in Mitleidenschaft ziehen, und auch die heftigeren Stürme vor allem in der Zeit der Tag- und Nachtgleiche im Frühjahr und Herbst können die Chancen für einen erfolgreichen Vogelzug vermindern.

Rotdrosseln, Wacholderdrosseln und Bergfinken können als Wintergäste beispielsweise in Großbritannien immer seltener werden, wenn milde Witterung auf dem europäischen Kontinent sie veranlasst zu bleiben anstatt ihre Winterreise anzutreten.

Auf lange Sicht wird sich die globale Erwärmung zwangsläufig auf die Verbreitung einiger unserer häufigsten Vogelarten auswirken. Vögel wie die Sumpfmeise, die in Europa mit Ausnahme des hohen Nordens und des Südens verbreitet ist und deren Brutgebiete in Großbritannien sich heute auf England und Wales beschränken, können weiter nach Norden vordringen und sich beispielsweise in Teilen Schottlands ansiedeln. Kleinvögel wie der Zaunkönig könnten einen Aufschwung ihres Bestandes erle-

Oben: *Der Pirol und einige andere Arten, die auf dem europäischen Kontinent verbreitet sind, brüten dank der globalen Erwärmung inzwischen auch in Großbritannien.*

ben, wenn die harten Winter seltener werden und somit die Sterberate unter diesen Tieren zurückgeht. Für exotische Arten wie den rund um London wild lebenden Halsbandsittich (und andere entflogene Käfigvögel) dürften sich dank milderer Winter und eines reicheren Nahrungsangebotes die Lebensbedingungen ebenfalls verbessern. Auch Arten wie Wiedehopf, Schwarzmilan und Bienenfresser könnten dann in nördlicheren Gefilden auftreten.

Gartenvögel im Jahreslauf

In diesem Kapitel erfahren Sie etwas über die Veränderungen, die im Verlauf der zwölf Monate eines Jahres in einem durchschnittlichen Garten stattfinden. Zu den Veränderungen gehört der Wechsel der Jahreszeiten, die Auswirkungen des Witterungswechsels, größere Veränderungen wie Vogelzug oder Brutgeschäft und auch kleinere Wechsel bei Dauer und Häufigkeit des Auftretens unterschiedlicher Vogelarten.

Diese Veränderungen können abhängig von Ihrem Wohnort zwar früher oder später als hier angegeben stattfinden, doch wird Ihnen der Kalender zeigen, wonach Sie Ausschau halten und was Sie erwarten können. Beachten Sie dabei stets, dass die jahreszeitlichen Abläufe im Leben eines Vogels anders sind als bei den Menschen und dass auch für eine Jahreszeit scheinbar ungewöhnliche Verhaltensweisen wie etwa das Auftreten von Singvögeln im Februar für manche Arten ganz normal sind.

Jeder eifrige Gärtner weiß, dass zu den interessantesten Seiten seines Hobbys die jahreszeitlich bedingten Veränderungen in der Pflanzenwelt gehören. Der „Vogelgärtner" macht hier keine Ausnahme, denn auch in einem vogelfreundlich gestalteten Garten bringt jeder Monat etwas anderes – neue gefiederte Gäste kommen an, andere reisen ab, und alle zeigen die ihnen eigenen unterschiedlichen Verhaltensweisen.

Dieses Kapitel zeigt Ihnen, worauf Sie von Monat zu Monat in Ihrem Garten achten sollen. Denken Sie jedoch daran, dass die zeitlichen Abschnitte von Jahr zu Jahr oder abhängig davon, ob Sie im Norden oder im Süden wohnen, variieren können. Das Kapitel ist also lediglich als allgemeine Richtlinie zu den zwölf Monaten eines Gartenvogeljahres zu verstehen.

Links: *Im Frühling sieht man öfter Vögel wie diese Blaumeise auf blühenden Zweigen sitzen.*

Oben: *Der Winter ist für die Gartenvögel eine schwere Zeit. Dieser Buchfink sucht im Schnee nach Futter.*

Rechts: *Im Sommer bleiben die gerade flügge gewordenen Zaunkönige oftmals noch einige Zeit nach dem Verlassen des Nestes in Familientrupps zusammen.*

Oben: *Der Januar ist günstig für die Beobachtung von Seidenschwänzen, die sich gern an Beeren gütlich tun, ehe sie im Trupp weiterziehen.*

Januar

Ein neues Jahr hat begonnen und es ist wieder an der Zeit die bekannten guten Vorsätze zu fassen. Aber vielleicht sollten Sie dabei nicht nur an sich, sondern auch an die Vögel denken? Falls Sie sich nicht schon damit beschäftigen, könnten Sie beginnen eine Art Tagebuch über all die Vögel zu führen, die Sie in Ihrem Garten sehen und dazu deren Anzahl sowie Angaben über interessante oder ungewöhnliche Verhaltensweisen notieren. Da es nur Ihrer Unterhaltung dienen und Ihre Wissbegier befriedigen soll, ist die Auswahl der Angaben Ihnen überlassen.

Ein anderer wichtiger Vorsatz könnte sein einmal Begonnenes

auch zu Ende zu führen. Haben Sie sich bereits entschlossen dieses Jahr die Vögel im Garten zu füttern, können Sie dabei nicht halbherzig vorgehen. Haben die Tiere einmal eine Nahrungsquelle entdeckt, verlassen sie sich darauf und suchen die Futtergeräte in Ihrem Garten auf ihren täglichen Rundflügen regelmäßig auf. Versäumen Sie Futter auszulegen, verschwenden die Vögel wertvolle Zeit ohne einen Bissen zu finden. In dieser Jahreszeit, da die natürlichen Nahrungsquellen rar und die Tage kurz sind, ist ein gesichertes Futterangebot besonders wichtig.

Hackordnung

Der Begriff „Hackordnung" wurde ursprünglich im Zusammenhang mit dem Fressverhalten von Haushühnern geprägt, bei denen die ranghöchste Henne vor den rangniederen Tieren frisst. Im Großen und Ganzen gilt: je größer der Vogel, desto höher sein Rang in der Hackordnung, doch gibt es hier auch Ausnahmen.

Besonders aggressiv und dominant verhalten sich Stare, die vor allem an Futterhäusern und Futtergeräten sämtliche Konkurrenten verjagen, ganz gleich, ob sie größer oder kleiner als sie selbst sind. In der Familie der Meisen dominieren erwartungsgemäß die Kohlmeisen; die Blaumeisen und dann die Tannenmeisen schlüpfen rasch an die Futterstelle um ein Samenkorn oder ein Erdnussbröckchen zu schnappen, sobald sich die Gelegenheit bietet. Haussperlinge vertreiben meistens die Rotkehlchen, während sich die Heckenbraunellen aus den Rangeleien heraushalten und die Brosamen unter den Futtergeräten oder dem Futterhaus aufpicken.

Hinweise

- Beginnen Sie das neue Jahr mit einer kritischen Musterung Ihres Gartens und mit der Planung der notwendigen Arbeiten.
- Beenden Sie alle Schnitt- und Aufräumarbeiten vom letzten Herbst. Verschieben Sie das nicht auf später; dann nisten die Vögel nämlich.
- Prüfen Sie jeden Morgen, ob die Vogeltränke eisfrei ist. Tauen Sie das Wasser notfalls mit einem Topf heißen Wassers auf (siehe S. 27).

Wenn Sie großes Glück haben, finden sich in Ihrem Garten regelmäßig Buntspechte ein, die so groß und stark sind, dass sie alle anderen Vögel an der Futterstelle ignorieren können.

Flugrouten

Der Januar ist ein Monat, in dem man etwa eine Stunde vor Einbruch der Dunkelheit viele Vogelschwärme beobachten kann. Wenn Sie das Glück haben an einer solchen Flugroute zu wohnen, können Sie Möwen, Tauben und Krähen in großer Zahl über Ihr Haus hinweg zu den Übernachtungsplätzen fliegen sehen. Das ist eine gute Gelegenheit die Bestimmung der einzelnen Arten anhand des Fluges, des Flugbildes und des Rufs zu trainieren. Viele Vögel, darunter auch die unterschiedlichen Möwenarten, lassen sich durch ihr charakteristisches Flugbild und ihren Flug unterscheiden; Dohlen und Saatkrähen hingegen identifiziert man am besten indem man ihre Erscheinung in Verbindung mit ihren Lautäußerungen beurteilt. Zu den Vogelarten, die regelmäßig in Schwärmen zu ihren Schlafplätzen fliegen, gehören auch der Kiebitz und Drosselvögel (darunter Wacholderdrossel und Rotdrossel), die ihre Anwesenheit mit hell klingenden, durchdringenden Rufen verraten.

Sie können die Zahl der vorüberfliegenden Vögel natürlich regelmäßig notieren. Beobachten Sie den Himmel am besten von einem festen Platz im Haus oder im Garten und über einen bestimmten Zeitraum (z. B. in der letzten halben Stunde vor Einbruch der Dunkelheit). Sie werden über die bloße Zahl der dahinfliegenden Vögel staunen – vor allem dann, wenn Sie in der Nähe eines Staubeckens, einer vollgelaufenen Kiesgrube, eines Waldgeländes oder anderer regelmäßig aufgesuchter Übernachtungsplätze wohnen.

Oben: *Im Januar erscheinen in Großbritannien große Schwärme von Misteldrosseln, die bei strenger Witterung oftmals auch Gärten aufsuchen.*

Rechts: *Das Rotkehlchen ist ein klassischer Wintergast im Garten. Es wird oftmals sehr zutraulich, besonders wenn Sie ein Stück Gartenboden umgraben, damit es dort nach Würmern und Käfern suchen kann.*

Oben: *Im Februar ist die Sterblichkeit unter den kleinen Singvögeln – hier ein Grünling – am größten. Um überleben zu können, sind die Sänger auf das von Gartenbesitzern ausgelegte Futter angewiesen.*

Unten: *Tannenmeisen gelten mancherorts als regelmäßige Gartengäste, suchen in anderen Gegenden jedoch Gärten nur auf, wenn strenges Winterwetter herrscht und das Futter in der freien Natur rar ist.*

Februar

Der Statistik nach ist zwar der Januar der kälteste Monat des Jahres, doch die Folgen der frostigen Witterung bekommen vor allem die Kleinvögel erst richtig im Februar zu spüren, wenn die Kälte des vorangegangenen Monats in der Natur zu Nahrungsmangel führt. Schon ein oder zwei Tage ohne angemessene Futtermenge können einen raschen Hungertod herbeiführen, denn der Stoffwechsel der Tiere ist so hoch, dass die Energievorräte ständig erneuert werden müssen.

Deshalb ist es jetzt mehr denn je an der Zeit den Vögeln regelmäßig ausreichende Mengen Futter, vor allem energiereiche Sorten wie Sonnenblumensamen und Erdnüsse anzubieten. Möglicherweise müssen die Futtergeräte täglich aufgefüllt werden. Heben Sie für das Futterhaus auch ein paar Reste aus der Küche – altbackenes Brot und Obststücke – auf.

Der Monat Februar ist eine ausgezeichnete Zeit für die Beobachtung der Vögel. Nehmen Sie sich die Zeit, achten Sie auf winzige Details und machen Sie sich auch auf Überraschungen gefasst.

Ungewöhnliche Besucher

Die kalte Witterung treibt zuweilen auch einige ungewöhnliche Besucher aus den Wäldern, Feldern und Parks der Umgebung in den Schutz Ihres Gartens. Kohlmeise und Blaumeise gehören faktisch in jedem Garten zu den regelmäßigen Gästen. Zusammen mit ihnen erscheint häufig auch ihre weniger bunte Verwandte, die Tannenmeise. Starke Schneefälle und Eis veranlassen vielleicht auch die Sumpfmeise, und wenn Sie Glück haben, auch die Weidenmeise an Ihre Futtergeräte zu kommen. Diese beiden einander sehr ähnlichen Arten mit der schwarzen Kopfkappe sind in den letzten Jahren allerdings seltener geworden. Die in großen Teilen Europas vorkommende Haubenmeise findet man in Großbritannien nur in einigen dicht bewaldeten Gebieten der schottischen Highlands. Sie ist dort, wenn man Glück hat, zuweilen auch in den Gärten anzutreffen, denn auch sie hat sich an die Futtergeräte gewöhnt und rangelt mit ihren Verwandten um die besten Plätze.

Zu den seltenen Wintergästen im Garten gehören die Rotdrossel und die Wacholderdrossel, der Kleiber und der Baumläufer. Gelegentlich können auch ein oder zwei Spechte auftauchen. Sie alle werden von der Aussicht angelockt in Ihrem Garten Futter zu finden.

Der Frühling naht

Der Februar ist nicht nur dunkel und kalt. So hart das winterliche Wetter auch sein mag, bringt der Wind in manchen Regionen mitunter doch schon mildere Temperaturen.

Höhere Temperaturen, länger werdende Tage und die helleren Abendstunden bringen uns ein weiteres frühlingshaftes Phänomen – den Beginn der Vogelgesänge. Natürlich singen manche Vögel, vor allem das Rotkehlchen, den ganzen Winter hindurch, doch bei anderen muss erst der Frühling in der Luft liegen, ehe sie ihre Lieder wieder hören lassen. Zu den Vögeln, die als Erste im Jahr ihren Gesang vortragen, gehören zwei Mitglieder der Drosselfamilie – die Singdrossel und die Amsel. Beide beginnen zeitig zu brüten, fangen mit dem Nestbau und der Eiablage oftmals schon im März an. Ihnen bleibt daher nur wenig Zeit, wenn sie ein Territorium in Besitz nehmen und einen Partner erobern müssen.

Wenn Sie also an einem milden Februarnachmittag von der Arbeit nach Hause gehen oder ein paar Dinge im Garten erledigen, horchen sie auf das unverkennbare Lied der Singdrossel, in dem sich die Tonfolgen mehrfach wiederholen, so als ob der Vogel seiner Botschaft besonderen Nachdruck verleihen wollte. Auch die Amsel hat einen ganz charakteristischen Gesang; dieser ist weniger von Wiederholungen geprägt und klingt flötend und sanfter als der der Singdrossel. Stehen in Ihrem Garten ältere Bäume oder wohnen Sie in der Nähe eines Parks, können Sie vielleicht auch das Lied der größten Drossel, der Misteldrossel, hören. Die Melodie klingt in gewisser Weise wie eine Kreuzung aus dem innigen Flötengesang der Amsel und den ständig sich wiederholenden Motiven der Singdrossel.

Oben rechts: *Die hübsche Haubenmeise lebt in Nadelwäldern. Sie ernährt sich von Insekten und frisst im Winter, wenn sie im Trupp mit anderen Meisenarten auf Futtersuche ist, auch Sämereien.*

Rechts: *Die größte einheimische Drosselart, die Misteldrossel, brütet von April bis Juni, doch ist ihr Gesang zuweilen auch schon Ende Februar zu hören.*

Hinweise

- Achten Sie auf den ersten singenden Vogel jeder Art und notieren Sie das Datum in Ihren Aufzeichnungen.
- Füllen Sie vor allem bei sehr kalter Witterung die Futtergeräte so oft wie möglich mit Erdnüssen und Sämereien auf.
- Legen Sie für die Drosseln ein paar weiche Äpfel oder Birnen auf den Rasen oder ins Futterhaus.

März

Der Monat März ist die Zeit, in der die Standvögel so richtig mit dem Brutgeschäft beginnen. Jetzt ist überall Vogelgesang zu hören, und eines Morgens wird Ihr Garten vom Gezwitscher eines durcheinander musizierenden Orchesters buchstäblich widerhallen, da jeder Vogel versucht, sich nicht nur vor seinen Mitsängern hervorzutun, sondern auch alle Hintergrundgeräusche von Autos, Bahnen und Flugzeugen zu übertönen. Es lohnt sich also wirklich, einmal ganz früh am Morgen aufzustehen und dem Chor zu lauschen, wenn er am schönsten klingt.

Das lauteste Lied wird vom kleinsten Vogel, dem Zaunkönig, gesungen: Der Gesang mit seinen schmetternden Crescendi und den anschließenden kräftigen Rollern gehört zu den charakteristischsten Vogelliedern im Garten. Die Zaunkönige haben in den letzten Jahren dank der milderen Winter ein Populationswachstum erlebt. Vielleicht singt nach dem nächsten schneefreien Winter schon mehr als ein Zaunkönigmännchen mit voller Stimmkraft in Ihrem Garten.

Ein ruhigerer, aber genauso ausdauernder Sänger, den man im März leichter zu sehen bekommt als in den anderen Monaten, ist die Heckenbraunelle. Dieser Vogel lebt normalerweise zurückgezogen und verbirgt sich gern im Unterholz, wo er am Boden scharrend nach winzigen Futterbröckchen sucht. Im zeitigen Frühjahr jedoch verwandeln sich die Heckenbraunellen in stolze Solosänger und tragen dann oftmals von der höchsten Stelle eines Busches oder eines Baumes ihr Lied vor. Leider ist ihr Gesang, ein leises Durcheinander von scheinbar zusammenhanglosen Tönen ohne deutliche Struktur, das wie zufällig beginnt und endet, fast so wenig auffallend wie ihr braun und grau gefärbtes Gefieder.

Oben: *Der Zaunkönig hält sich meistens in Bodennähe auf und fliegt nur kurze Strecken. Im März ist sein lauter, durchdringender Gesang, der von erhöhten Stellen vorgetragen wird, häufig zu hören.*

Links: *Auch Amseln beginnen zeitig mit dem Brutgeschäft und lassen ihren Gesang oftmals schon früh im Jahr ertönen. Im März sind bereits die meisten Männchen mit der Verteidigung ihres Reviers beschäftigt; sie singen dann in der Morgendämmerung und bei Einbruch der Dunkelheit.*

Die Märznachtigall

Wenn Sie im März von jemandem hören, in seinem Garten habe eine Nachtigall gesungen, dann war der Sänger wahrscheinlich ein Rotkehlchen oder eine Amsel. Im März kann es auch eine Mönchsgrasmücke aus der Familie der Grasmücken sein, die sich früher als ihre Verwandten zum Brüten einfindet. Der englische Naturlyriker John Clare nannte diesen Vogel die Märznachtigall, da sein Gesang dem der bekannteren Nachtigall ähnelt, die aber erst Ende April oder Anfang Mai aus ihrem afrikanischen Winterquartier zurückkehrt.

Eine andere Grasmücke, die oft schon im März wiederkommt, ist der Zilpzalp, ein zierlicher, laubfarbener Vogel mit dem unverkennbaren Gesang, der dieser Art den Namen gab. Horchen Sie ab Anfang des Monats besonders gut hin, vielleicht hören Sie das Lied des Zilpzalp.

In manchen Gärten sind den ganzen Winter über als Futtergäste Mönchsgrasmücken anzutreffen. Das Zugverhalten der auf dem Territorium Deutschlands und Österreichs brütenden Artgenossen hat sich in den letzten Jahren gewandelt. Diese Mönchsgrasmücken machen sich nicht mehr auf die lange Reise in die ehemaligen Überwinterungsgebiete in Spanien und Nord-

afrika, sondern verbringen den Winter im relativ milden Klima englischer Vorstadtgebiete. Bei flüchtigem Hinschauen verwechselt man die Mönchsgrasmücke gelegentlich mit der Sumpfmeise, die ebenfalls eine schwarze Kopfkappe trägt. Der größere Körper, das graue Gefieder und der lange, schmale Schnabel der Mönchsgrasmücke machen die Bestimmung bei genauerer Beobachtung jedoch ziemlich einfach.

Hinweise

- Horchen Sie auf jeden neuen Sänger in Ihrem Garten, insbesondere auf die zeitig ankommenden Zugvögel.
- Achten Sie auf Vögel, die Zweige, Federn, Moos, Rindenstücke, auch Papierfetzen und anderes Nistmaterial zu sammeln beginnen.
- Werfen Sie hin und wieder einen vorsichtigen Blick in die Nistkästen um festzustellen, ob es schon irgendwelche Nistaktivitäten gibt.

Grünlinge und grüne Finken

Nicht jeder grüne Fink, den Sie im Garten entdecken, ist auch wirklich ein Grünling. Zur Finkenfamilie gehört auch der gelbgrüne Zeisig, der als Wintergast regelmäßig in den Gärten auftaucht. Er ist kleiner als sein Verwandter, der häufiger auftretende Grünling, hat eine kräftige schwarze Streifenzeichnung und einen tief gegabelten Schwanz.

Der März ist einer der Monate, in denen der Zeisig verstärkt anzutreffen ist. Zu dieser Zeit ist das Futter in den Waldgebieten knapp, und die Tiere müssen Kräfte sammeln, da viele von ihnen bald in ihre Brutgebiete nach Norden ziehen. Hängen Sie im Garten möglichst rote Futterbehälter auf, denn Rot scheinen die Zeisige zu bevorzugen. Vielleicht erinnert sie diese Farbe an die rötlichen Kätzchen der Erle, die sie außerhalb der Brutzeit in Erlenwäldern als Nahrung aufnehmen.

Rechts: Zeisige lassen sich von ihrem nahen Verwandten, dem Grünling, leicht unterscheiden: Sie sind kleiner sowie am Scheitel, am Schwanz und an den Flügeln schwarz gefärbt.

April

Der April gehört zu den interessantesten Monaten im Garten, denn dieser Monat ist bei den Standvogelarten der Höhepunkt der Brutsaison. Gleichzeitig machen sich auch die Neuankömmlinge bereit die Zeit der längeren Sonnenscheindauer für ihr Brutgeschäft auszunutzen. Viele Sommergäste haben sich dem Menschen angeschlossen und sind bekannte Gartenvögel; die Mehlschwalben sind sogar auf menschliche Bauten angewiesen, an oder in denen sie ihre Nester bauen. Andere Arten wie der Fitis und die Dorngrasmücke, sind eigentlich überhaupt keine ausgesprochenen Gartenvögel, brüten aber mitunter in größeren, eher ländlichen Gärten.

Für brütende Vögel spielt die Witterung im April eine entscheidende Rolle. Ein plötzlicher Kälteeinbruch mit Eis und Schnee oder anhaltender Regen kann für die Gelege oder den eben erst geschlüpften Nachwuchs verhängnisvolle Folgen haben. Kalte, feuchte Witterung kann die Eier irreparabel auskühlen, so dass daraus niemals Küken schlüpfen, und die bereits geschlüpften Vogeljungen haben nicht nur direkt unter der kalten Witterung, sondern auch unter deren indirekten Folgen wie beispielsweise Futtermangel zu leiden.

Sorgen Sie also jetzt erst recht dafür, dass in dieser wichtigen Jahreszeit für die Vögel stets ausreichend Futter da ist. Auch Was-

Oben: *Die Dorngrasmücke kehrt Mitte bis Ende April zurück. Sie schwingt sich in die Luft und lässt dabei eine Folge schneller, rauer Zwitschertöne erklingen.*

ser ist wichtig, da die Altvögel bei der pausenlosen Nahrungssuche für den Nachwuchs ziemlich durstig werden können. Wenn Sie über Ihre gefiederten Gartengäste regelmäßig Buch führen, dann kommen im April wahrscheinlich die meisten neuen Vogelarten dazu. Das sind nicht nur Spezies, die Ihren Garten aufsuchen, sondern auch jene, die auf dem Weg in ihre Brutgebiete über Ihre Gegend hinwegziehen.

Neuankömmlinge

Es ist naheliegend, dass zu den Neuankömmlingen in unseren Breiten auch die Mehl- und die Rauchschwalbe gehören, denn deren Überwinterungsgebiete liegen südlich der Sahara, tausende Kilometer von den Brutgebieten in Europa entfernt. Doch auch andere Frühlingsgäste haben einen Vogelzug hinter sich, wenn auch nicht ganz so weit. Die Mehrheit der Vögel, die auf den britischen Inseln brüten, verbringen den Winter in Belgien, Frankreich oder Spanien. Sie kehren im April und Mai zurück und suchen dann häufig die Gärten auf um ihre Kraftreserven noch einmal aufzufüllen, ehe sie mit dem Brüten beginnen.

Hinweise

- Wechseln Sie jetzt eventuell von der Winterfütterung zur Sommerfütterung oder bieten Sie den Vögeln nur noch Sonnenblumensamen an.
- Halten Sie Ausschau nach den ersten Rauchschwalben, Mehlschwalben und Mauerseglern.
- Unterstützen Sie die Mehlschwalben, indem Sie unter dem Dachsims künstliche Nisthilfen anbringen.
- Halten Sie die Vogeltränke und das Futterhaus sauber, damit sich dort keine Krankheitserreger festsetzen.

Ebenfalls Kurzzieher sind die Singdrosseln, die, sofern ihre Brutgebiete recht weit im Norden liegen, faktisch nur innerhalb Europas ziehen. Die Rotdrossel, eine nahe Verwandte der Singdrossel, fliegt um diese Zeit zum Brüten nach Skandinavien und Nordeuropa.

Nistkästen und natürliche Niststätten

In dieser Jahreszeit, wenn das Brutgeschäft in vollem Gange ist, sind Nistplätze mitunter sehr gesucht. Wenn Sie Glück haben, wird der Nistkasten, den Sie im vergangenen Herbst aufgehängt haben, jetzt vielleicht von einem Vogelpärchen – Blau- oder Kohlmeisen oder Haussperlinge – belegt. Sieht man das Kommen und Gehen der Vögel, gerät man leicht in die Versuchung öfters im Nistkasten nachzuschauen um den Fortgang der Dinge zu beobachten. Lassen Sie sich jedoch gesagt sein, dass Ihre Neugier die Vögel vor allem zu Beginn des Brütens dazu veranlassen kann, ihren Brutversuch aufzugeben. Zeigen Sie lieber Geduld und warten Sie mit dem Nachsehen etwa eine Woche, bis sich das Pärchen richtig eingewöhnt hat. Aber selbst dann dürfen Sie nur gelegentlich und nur ganz kurz und vorsichtig in den Nistkasten lugen.

Andere Vögel, darunter alle drei Spechtarten, Hohltauben, Stare, Dohlen ziehen es vor in natürlichen Höhlen zu nisten. Haben Sie große, alte Bäume im Garten, achten Sie auf Nistinteressenten, die, wie im Fall des Kleinspechts, manchmal aber so unauffällig sind, dass man sie leicht verpasst. Haben Sie ein Fernglas, beobachten Sie damit das Einflugloch zu einem Nest. Diese Mühe lohnt sich, denn so haben Sie einen fabelhaften Blick auf das Kommen und Gehen der Altvögel.

Oben: *Stieglitze sind im April regelmäßige Gartenbesucher. Später gehen sie auf Partnersuche und beginnen mit dem Brüten.*

Rechts: *Im Frühling lohnt es Ausschau nach der kleinsten Spechtart, dem zierlichen Kleinspecht zu halten, den man sonst kaum zu sehen bekommt, der aber während der Balz und der Brutzeit vielleicht etwas aktiver ist.*

Mai

Der wunderbare Monat Mai bringt Ihnen viel Freude an Ihren gefiederten Besuchern. In dieser Zeit tummelt sich die größtmögliche Artenvielfalt in Ihrem Garten, denn inzwischen sind alle Sommergäste eingetroffen. An allen Ecken und Enden herrscht buntes Treiben, da die Altvögel geschäftig nach Futter für ihre ewig hungrigen Jungen suchen. Dazwischen finden die Männchen noch Zeit das Revier mit ihrem Gesang zu verteidigen. Das geschieht vor allem bei Tagesanbruch und in der Abenddämmerung, und dann ist der Chor der Vogelstimmen schier überwältigend.

Jetzt erscheinen die ersten Jungvögel auf der Bildfläche; sie sitzen entweder auf Ihrem Gartenzaun oder mitten auf dem Rasen. Sie mögen zwar hilflos erscheinen, doch die Eltern wissen im Allgemeinen, wo sich ihr Nachwuchs aufhält, können sich um die Jungen kümmern und sie füttern, bis sie nach wenigen Tagen groß genug sind um für sich selbst zu sorgen.

An schönen Abenden sind die ersten Trupps der Rauchschwalben, Mehlschwalben und Mauersegler zu sehen, die hoch am Himmel nach Insekten jagen. Das ist ein sicheres Zeichen, dass der Sommer nicht mehr weit ist.

Späte Ankömmlinge
Einige Sommergäste wie der Zilpzalp kehren bereits im März zum

Brüten zurück. Andere hingegen warten damit bis Mitte oder gar Ende Mai. Zu diesen Vögeln gehören drei Arten, die, wenn Sie Glück haben, Ihren Garten regelmäßig oder zumindest gelegentlich aufsuchen.

Die erste Spezies ist der Kuckuck, ein Vogel, den jeder kennt und dessen Ruf die meisten von uns schon gehört haben, den aber nur sehr wenige wirklich zu Gesicht bekommen. Die Gewohnheit ihre Eier in fremde Nester zu legen hat bei den Kuckucksweibchen ein sehr vorsichtiges Verhalten entstehen lassen. Die Männchen rufen manchmal von einem erhöhten Platz aus, verbergen sich aber häufiger im Laub, so dass nur der unverkenn-

Links: Die ersten Mehlschwalben treffen bereits im April ein, doch die Mehrzahl der Vögel kehrt aus den Überwinterungsgebieten in Afrika erst Anfang Mai zurück und bringen dann schon einen Hauch Sommer in unsere Städte.

bare Ruf von ihrer Gegenwart kündet. Die Lautäußerung des Weibchens ist weit weniger bekannt; ihr perlender Ruf ähnelt so gar nicht dem „kukuk" ihres Partners.

Auch die Turteltauben haben einen charakteristischen Ruf, der den Vögeln zu ihrem ungewöhnlichen Namen verholfen hat: „Turtel-" ist eine Verfälschung des „turr-turr-turr", das diese kleine Taube häufig anstimmt. In den letzten Jahren ist die Turteltaube aufgrund der menschlichen Jagdpraxis und schlechter Brutjahre zunehmend selten geworden; heutzutage bekommt man viel eher ihre Verwandte, die Türkentaube, zu sehen und zu hören.

Schließlich soll hier noch der Grauschnäpper genannt werden. Er ist ein ganz typischer Gartenvogel, besonders in großen ländlichen Gärten mit Stein- oder Ziegelmauern. Der Grauschnäpper macht seinem Namen in zweierlei Hinsicht alle Ehre, denn er hat ein oberseits graubraunes Gefieder und schnappt im Flug mit großem Geschick nach Insekten; er steigt mit kurzen Flügelschlägen von einem erhöhten Punkt aus steil in die Höhe um seine Beute zu erhaschen. Er brütet meist in Halbhöhlen, baut sein Nest jedoch auch an Gebäuden und im Rankengewirr von Kletterpflanzen.

Oben: *Der Grauschnäpper kehrt erst Mitte Mai zurück und gehört damit zu den spätesten Sommergästen.*

Mauersegler

An einem schönen Maiabend hören Sie in der Stadt unvermittelt den Klang, der mehr als alles andere typisch für den städtischen Sommer ist – einen dünnen, durchdringenden hohen Schrei, der anzeigt, dass die Mauersegler aus ihrem Winterquartier in Afrika zurückgekehrt sind um ihren Platz am Himmel über unseren Häusern wieder einzunehmen.

Die Mauersegler treffen in der Regel Ende April oder Anfang Mai in ihrem Brutgebiet ein und erscheinen hier in großen Scharen wie aus dem Nichts. Gestern waren sie noch nirgendwo zu sehen, heute schwirren dutzende über jeder Stadt und jedem Dorf in raschem Flug dahin. Weiter nördlich treffen sie mitunter erst Mitte oder Ende Mai ein, doch sind sie einmal da, hört man ihre schrillen Schreie den ganzen Sommer lang.

Die Mauersegler halten sich fast den ganzen Tag über, selbst beim Fressen und Ruhen, in der Luft auf. Mit ihren sehr kurzen Beinen und den kleinen Füßen können sie kaum landen und erst recht nicht gehen; sie krallen sich damit nur an rauen Flächen fest.

Oben: *Mauersegler bringen den Klang des Sommers in die Städte und Dörfer. Sie bauen ihre Nester auch in die Ritzen hoher Gebäude und gehören damit zu den wenigen Arten, die auch inmitten von Städten brüten.*

Juni

Der Juni bringt den längsten Tag des Jahres. In den nördlichen Breiten wird es um diese Zeit nachts kaum oder gar nicht dunkel. Die Vögel in Mitteleuropa haben täglich mindestens sechzehn Stunden Zeit um Futter für ihre heranwachsenden Jungen zu suchen. Dennoch kann es im Verlauf des Monats allmählich stiller werden. Dieser Eindruck täuscht zum Teil, denn die dichter werdende Belaubung sorgt dafür, dass Sie nicht mehr alles sehen und hören können, was im Geäst der Büsche und Bäume vor sich geht, doch ist er zum Teil auch real. Für viele Standvogelarten ist das Brutgeschäft vorüber, und die Männchen brauchen das schwer erkämpfte Revier nicht mehr mit ihrem Gesang zu verteidigen. Achten Sie immer auf die Vogeltränke oder Ihren Gartenteich; rund um das Wasser herrscht jetzt viel Aktivität, da die wärmere Witterung die Vögel veranlasst mehr zu trinken und öfter zu baden.

Rechts: Der Juni ist ein Monat voller Aktivitäten. Diese Kohlmeise füttert ihren flügge gewordenen Nachwuchs mit einer Raupe. Später lernen die Jungen für sich selbst zu sorgen.

Unten: Die junge Amsel (links) *ist noch immer auf die Fürsorge der Eltern* (Männchen, rechts) *angewiesen, obwohl sie fast schon deren Körpergröße erreicht hat.*

Doch nicht alle Vögel ruhen sich jetzt aus. Einige Arten wie die Singdrossel und die Amsel ziehen, solange ausreichend Futter vorhanden ist, weitere Bruten auf. Bei beiden Spezies hat man schon bis zu vier und sogar fünf Jahresbruten registriert.

In dieser Zeit bekommen Sie viele Jungvögel zu Gesicht. Sie sind in der Regel leicht von ihren Eltern zu unterscheiden, denn sie haben ein neueres Gefieder (das häufig stärker dem bescheideneren Federkleid des Weibchens als dem auffälligen Äußeren des Männchens ähnelt), und oftmals noch die verräterischen gelben Schnabelwinkel, die die Aufmerksamkeit der Elterntiere auf den Schnabel ziehen und die Altvögel weiterhin zur Futterbeschaffung anregen.

Jungvögel

In dieser Jahreszeit findet man zuweilen Jungvögel, die den Anschein erwecken von ihren Eltern verlassen worden zu sein.

Die jungen Vögel verlassen jetzt ihre Nester. Die meisten kleinen Singvögel tun das schon zu einem Zeitpunkt, da sie gerade flügge geworden sind und nur mit Mühe für sich selbst sorgen können. Deshalb kümmern sich die Altvögel oder mitunter auch ältere „Geschwister" aus früheren Bruten des Jahres noch um die Jungen. Das erkennt ein flüchtiger Beobachter unter Umständen nicht immer und vermeint ein im Stich gelassenes Wesen vor sich zu haben. Finden Sie einen solchen Jungvogel, ziehen Sie sich am besten in eine sichere Entfernung zurück und beobachten die Szene eine Weile. Ist die Luft rein, nehmen die Eltern ganz sicher die Fütterung ihres Nachwuchses wieder auf.

Katzen

Der Juni ist, wie nicht anders zu erwarten, ein Rekordmonat für die Katzen in der Nachbarschaft, für die die vielen Jungvögel leichte Beute sind. Das klingt in gewisser Hinsicht schlimmer als es tatsächlich ist, da die große Mehrheit der Jungvögel während des ersten Lebensjahres ohnehin stirbt, das räuberische Verhalten der Katzen die Artenpopulation also wahrscheinlich nicht bedeutend beeinträchtigt. Dennoch ist es unangenehm überall im Garten winzige Vogelleichen zu finden. Zudem schreckt es die Vögel ab wieder an der alten Stelle zu brüten. Seien Sie im Juni also ganz besonders aufmerksam, und wenn Sie selbst eine Katze haben, legen Sie dem Tier ein Halsband mit Glöckchen an, das die Vögel warnt und ihnen eine faire Chance zur Flucht gibt.

Hinweise

- Setzen Sie sich an schönen Abenden in den Garten und beobachten Sie die Mauersegler, Mehlschwalben und vielleicht gar die Uferschwalben, die am Himmel über Ihnen Insekten jagen.
- Wird es wärmer, füllen Sie die Vogeltränke – am besten mit Regenwasser – immer wieder auf, damit das Wasser nicht knapp wird oder abgestanden ist.
- Finden Sie ein scheinbar verlassenes Vogeljunges, tun Sie nichts Unüberlegtes (siehe S. 61).
- Legen Sie auch weiterhin Futter aus. Jetzt reichen auch kleinere Mengen, da die Natur den Vögeln reichlich Nahrung bietet.
- Haben Sie oder Ihre Nachbarn eine Katze, lassen Sie das Tier zur Warnung der Vögel mit Glöckchenhalsband herumlaufen.

Unten: *Gimpel sieht man nur selten im Garten, da diese Vögel im Allgemeinen sehr scheu sind. Bei warmem Sommerwetter suchen Sie in ländlichen Gärten jedoch gern eine Wasserstelle auf.*

Juli

Der Juli ist ein merkwürdiger Monat. Er kann im Garten einerseits eine sehr stille Zeit sein, da viele Vögel mit dem Brüten fertig sind und die Altvögel mit der Mauser begonnen haben und sich daher vor Räubern verstecken. Andererseits sind manche Vogelarten durchaus noch zu sehen, wenn sie in Familienverbänden umherfliegen und Nahrung suchen. Ihren Gesang haben die Vögel mehr oder weniger eingestellt, obgleich einige Arten ihr Lied von Zeit zu Zeit noch anstimmen um ihr Revier flüchtig zu verteidigen.

Eine verwirrende Erscheinung des Monats Juli ist das Auftauchen von Vögeln in ungewöhnlichem Federkleid. Junge Blau- und Kohlmeisen, die in Ihren Garten kommen, sind leicht zu identifizieren, da sie mit Ausnahme der gelben Wangen ihren Eltern gleichen. Doch Sie können auch einem Vogel begegnen, der zwar die Körperform eines Rotkehlchens hat, aber in einem graubraunen, gefleckten Federkleid steckt, das nicht einmal die Andeutung einer rot gefärbten Brust aufweist. Es handelt sich dabei natürlich um ein junges Rotkehlchen, um einen Vogel, der erst wenige Wochen zuvor geschlüpft ist und das schmucke Gefieder seiner

Eltern erst nach der Mauser anlegt, die später im Herbst stattfindet.

Eine weitere Besonderheit des Monats Juli ist das Erscheinen anderer wild lebender Tiere in Ihrem Garten. Haben Sie viele nektarreiche Blütengewächse angepflanzt, werden Sie dafür vor allem an warmen, sonnigen Tagen mit Schwärmen von Schmetterlingen belohnt. Auch Säugetiere wie Igel und Rotfuchs (und wenn Sie großes Glück haben, auch der Dachs) sind an warmen Sommerabenden sehr aktiv. Ihr Garten kann außerdem zum Heim von Wühlmäusen, Spitzmäusen und vieler anderer kleiner Säugetiere werden, die allerdings selten zu sehen sind.

Trockenheit im Sommer

So wie anhaltende Regenfälle und Stürme während der Brutzeit für die Vögel verhängnisvoll sind, weil die Jungen nicht genügend Futter bekommen um das so entscheidende Energieniveau aufrecht zu halten, kann auch schönes Wetter Probleme in Form langer Trockenheit verursachen. Lange Zeiträume mit nur wenig oder ganz ohne Niederschlag haben zur Folge, dass beispielsweise Raupen und manche Insekten sehr selten werden und die Altvögel nicht genug Nahrung für ihre Jungen finden.

Vögel wie die Singdrossel und die Amsel, die ihr Futter auf offenen Rasenflächen suchen, können ebenfalls in Mitleidenschaft gezogen werden. Trockenheit macht den Boden hart und veranlasst Regenwürmer und andere Wirbellose sich tiefer ins Erdreich einzugraben, wo sie für einen Vogelschnabel unerreichbar sind. Sorgen Sie deshalb dafür, dass den Vögeln stets zusätzliche Nahrung, vielleicht in Form von Mehlwürmern, zur Verfügung steht.

Wichtig ist auch Wasser – vor allem an heißen Sonnentagen, an denen der Vogelkörper rasch austrocknen kann. Insektenfresser gewinnen einen Großteil der nötigen Feuchtigkeit aus ihrer Nahrung, doch Samenfresser wie Sperlinge und Finken müssen regelmäßig trinken um ihr Futter verdauen zu können. Auch das Baden ist wichtig, da die warme Witterung die Verbreitung von Läusen und anderen Gefiederparasiten fördert. Sorgen Sie deshalb dafür, dass die Vogeltränke regelmäßig mit frischem, sauberem Wasser aufgefüllt wird.

Links: *Ein gerade flügge gewordenes Rotkehlchen sieht seltsam aus; die Verwandtschaft mit den bunt gefärbten Eltern ist nur an seiner Größe und Körperform zu erkennen.*

Hinweise

- Untersuchen Sie Ihren Gartenteich auf blühende Algen, die das Gewässer stagnieren lassen können. Entfernen Sie die Pflanzen mit einem Sieb und setzen Sie alle Lebewesen, die Sie dabei mit herausfischen, wieder in den Teich zurück.
- Verringern Sie die Futtergaben und räumen Sie die Futterreste täglich oder jeden zweiten Tag weg.
- Reinigen Sie die Vogeltränke regelmäßig, damit sich keine Krankheitskeime darin ansiedeln können.

Oben: *Halten Sie an einem schönen Sommernachmittag Ausschau nach Vögeln, die wie diese Singdrossel ein Sonnenbad nehmen. Beachten Sie, wie die Tiere ihr Gefieder spreizen um die ganze Wärme der Sonne einzufangen.*

Unten: *Achten Sie bei sehr warmem Wetter darauf, dass das Wasser in Ihrem Gartenteich nicht steht. Fischen Sie die Algen mit einem Sieb oder einem Topf von der Oberfläche ab.*

Gartenteiche

Haben Sie im Garten einen Teich, behalten Sie auch ihn gut im Auge. Bei warmer Witterung breiten sich Algen sehr schnell auf dem Wasser aus, so dass ein Teich im Nu voll davon sein kann. Fischen Sie die Wasseroberfläche regelmäßig mit einem kleinen Netz ab. Damit Sie die Algen und deren Auswirkungen in Schach halten können, braucht Ihr Teich eine gute Auswahl an Unterwasser- und Schwimmpflanzen und dabei vor allem solche Gewächse, die an das Teichwasser Sauerstoff abgeben. Ohne diese Pflanzen besteht die Gefahr, dass das Wasser nicht nur steht und unangenehm riecht, sondern Ihren Gartenvögeln nicht zuträglich ist.

Sinkt der Wasserspiegel, füllen Sie den Teich wieder auf; verwenden Sie dazu vorzugsweise Regenwasser oder Wasser aus dem größeren Teich eines Nachbarn.

83

August

Es mag einem vielleicht noch gar nicht wie Herbst vorkommen, doch für viele Vögel ist der Sommer (und die Brutzeit) jetzt schon lange vorüber, und die Tiere beginnen ihre Lebensweise auf die bevorstehende Herbst- und Winterzeit umzustellen. Der August zeigt sich im Garten als stiller Monat, denn es gibt reichlich Futter und viele Vögel fliegen weg um die angrenzenden Lebensräume zu erkunden.

In dieser Jahreszeit bewegen sich die Vögel möglicherweise noch in Familienverbänden. Die Altvögel sehen noch sehr mitgenommen aus, bis sie ihre Mauser beendet haben und in ihrem prächtigen neuen Staat erscheinen. Einige Arten haben noch viel mit der Aufzucht der neuen Bruten zu tun, doch im Großen und Ganzen ist die Nistsaison bis zum nächsten Jahr wieder einmal vorbei.

Der August ist eine gute Zeit für ungewöhnliche Gäste: Vielleicht bekommen Sie in Ihrem Garten jetzt einen Sperber, einen Steinkauz oder einen Waldkauz zu sehen, die ihr Brutgeschäft gerade beendet haben und vielleicht in der Gegend umherstreifen. Auch wenn diese weniger häufigen Besucher nicht in Erscheinung treten, gibt es dennoch stets etwas zu sehen: Entweder die Possen einer Grünlingsfamilie an den Futtergeräten oder das anmutige Gebaren von Türkentauben, die nach Futter suchen.

Oben: *Der Spätsommer ist eine günstige Zeit Ausschau nach ungewöhnlichen Gartenbesuchern zu halten. Dieser Steinkauz lässt sich nach der Beendigung des Brutgeschäfts zuweilen auch bei Tage sehen.*

Krankheiten und Hygiene

Lange Schönwetterperioden lassen oftmals Krankheiten entstehen. Sorgen Sie deshalb stets dafür, dass Futterhaus und Futter-

Schauen Sie nach oben!

Wenn Sie an der Küste wohnen, lohnt es sich zu dieser Jahreszeit vor allem in den späten Nachmittagsstunden und am frühen Abend ab und zu nach oben zu schauen. Vielleicht zeigt sich in den Mehl- und Rauchschwalbentrupps, die in der Luft nach Insekten jagen, auch ein größerer Vogel. Er sieht mit seinem dunklen Gefieder und seinen pfeilförmigen Flügeln zunächst vielleicht wie ein riesiger Mauersegler aus, doch sein Flugverhalten verrät schon bald, dass es sich um einen Greifvogel handelt. Es ist der Baumfalke, der Ausschau nach Beute hält um mit einem großen Insekt oder gar einer Mehlschwalbe seinen Hunger zu stillen. Wenn Sie großes Glück haben, können Sie beobachten wie sich der Baumfalke flink durch den Vogelschwarm bewegt, sich nach dieser und jener Richtung wendet, bis er zuschlägt und sein Opfer mit scharfen Krallen packt.

Dieser geschickte Falke baut seine Horste in lichten Waldungen. Im Winter hält er sich in Afrika und Indien auf.

Oben: *Der Baumfalke macht nicht nur Jagd auf Insekten und Käfer, sondern auch auf kleinere Vögel. Hier ist sein Ziel eine Mehlschwalbe.*

Rechts und unten: *Vor ihrer Reise in den Süden sammeln sich die Rauchschwalben – manchmal auch zusammen mit den Mehlschwalben – und sitzen dann häufig in langen Reihen auf den Elektroleitungen. Beobachten Sie, wie sich manche Vögel auf der Jagd nach Insekten von den Drähten schwingen und ihre Beute im Flug erhaschen, während andere sich das Gefieder putzen.*

geräte möglichst sauber sind. Entfernen Sie in Abständen von wenigen Tagen die Futterreste, damit sie nicht schlecht werden. Mitunter, wenn auch selten, treten bei Vögeln Futtervergiftungen wie Botulismus auf. Gerade an Futterstellen können solche Krankheiten entstehen.

Sie können die Gefahr von Erkrankungen verringern, indem Sie den Vögeln in dieser Jahreszeit weniger Futter zukommen lassen. Zwischen Juli und September finden die Tiere in der Natur reichlich Nahrung, und die langen Tage lassen ihnen genügend Gelegenheit Futter zu suchen.

Auch Ratten und Mäuse können in dieser Jahreszeit zum Problem werden. Locken Sie die Schädlinge nicht noch an, indem Sie Futterreste liegen lassen. Räumen Sie stattdessen alle Überbleibsel weg, vor allem dann, wenn sie auf dem Boden liegen.

Vogelzug

Selbst wenn Ihr Garten nicht gerade ein günstiger Platz zur Beobachtung des Vogelzuges ist, werden Sie jetzt eine angenehme Überraschung erleben. Gegen Ende des Monats beginnen nämlich viele Vogelarten nach Süden zu fliegen, und Sie werden daher auch Vögel wie die Dorngrasmücke und den Fitis sehen, die Ihre Wohngegend passieren.

Die regelmäßige Beobachtung des Himmels, vor allem in der

Stunde nach Anbruch des Tages oder vor Einbruch der Dunkelheit, kann Ihnen einige überraschende Entdeckungen bringen. Sie werden zumindest immer mehr Rauchschwalben und Mehlschwalben sehen, mit denen jetzt auch die Jungen fliegen. Die Mauersegler indessen sind aus den städtischen Gegenden um die Monatsmitte faktisch schon verschwunden. Sie sammeln sich jetzt an Staubecken und anderen Plätzen, bevor sie sich auf den Weg in den Süden machen um dort zu überwintern.

Hinweise

- Achten Sie auf junge Vögel und beobachten Sie, wie sie ihre neue Welt kennen lernen und wie sie sich dabei verhalten.
- Reinigen Sie das Futterhaus regelmäßig um Erkrankungen der Vögel vorzubeugen.
- Halten Sie Ausschau nach Zugvögeln, die in Ihrem Garten vielleicht Zwischenstation machen um zu fressen.
- Legen Sie auch weiterhin Futter für die Vögel aus. So haben Sie stets Gäste am Futterhaus und an den Futtergeräten.
- Füllen Sie das Wasser im Teich und in der Vogeltränke nach.

September

Nach den ereignislosen Monaten des Spätsommers bringt dieser erste Herbstmonat für das Vogelleben in Ihrem Garten größere Veränderungen mit sich. Der erste offizielle Herbstmonat kann uns nicht nur spürbar anderes Wetter bescheren; er ist auch eine Zeit des Kommens und Gehens. Die Mauersegler sind schon lange auf und davon, und die Rauch- und die Mehlschwalben werden ihnen bald folgen. Zum Ausgleich treffen vielleicht schon Wacholderdrossel und Rotdrossel, die ersten Winterbesucher, ein.

In Gärten, die in waldiger Umgebung mit Eichenbeständen liegen, kann sich hin und wieder ein Eichelhäher sehen lassen. Die Dohlen, die wie dieser zur Familie der Rabenvögel gehören, bilden in dieser Jahreszeit Schwärme, und man sieht sie entweder am Himmel dahinfliegen oder gar als Futtergäste im Garten.

Im Lauf des Monats müssen Sie nicht nur die Menge des Futters erhöhen, sondern den Vögeln auch eine größere Nahrungsauswahl anbieten. Geben Sie den Tieren nun energiereiches Futter wie beispielsweise Sonnenblumenköpfe voller Samen und legen Sie für die Drosseln und Amseln alte Äpfel und Birnen aus.

Zeit zum Aufbruch

Zu den typischsten Geräuschen des Monats September gehört das Zwitschern der Rauch-, Ufer- und Mehlschwalben, die sich in Schwärmen auf den Telegrafendrähten sammeln, ehe sie auf ein unsichtbares Signal hin ihre lange Reise gen Süden, in die afrikanischen Überwinterungsgebiete, antreten. Die Rauchschwalben haben den längsten Weg von allen: Sie legen fast 8000 Kilometer bis nach Südafrika zurück, wo sie den südlichen Sommer in einem Reich der Fülle und des Überflusses verbringen, während wir (und unsere Standvogelarten) die Kälte und die Dunkelheit des nördlichen Winters zu spüren bekommen. Die Mehlschwalben verbringen den Winter in einem etwas näher gelegenen Quartier, müssen aber trotzdem noch ganz Europa, das Mittelmeer und die weite Sahara überqueren, ehe sie das Gebiet erreichen, in dem sie den Winter verbringen.

Der Vogelzug erscheint uns als unglaublich gefährliches Unternehmen, doch das Überwintern in den nördlichen Gefilden ist für die Vögel ebenfalls gefährlich. Die Aussichten eines Zaunkönigs oder eines Rotkehlchens den Winter bei uns zu überleben sind geringer als 50 : 50, wogegen die Chancen einer Rauch-

Oben: *Mehlschwalben gehören zu den Sommergästen, die uns als Letzte verlassen. Sie sammeln sich wie die Rauchschwalben üblicherweise auf Telegrafenleitungen und zwitschern dort einander zu, ehe sie nach dem fernen Afrika starten.*

Links: *In der Zwischenzeit futtern sich Standvogelarten und Teilzieher wie der Eichelhäher, die den Winter über bei uns bleiben, ein Fettdepot an um sich für die Entbehrungen des bevorstehenden Winters zu rüsten. Der Eichelhäher ernährt sich vorwiegend von Eicheln, Bucheckern, Beeren, Insekten, Würmern, Vogeleiern und Mäusen.*

schwalbe zum Brüten zurückzukommen wahrscheinlich besser stehen.

Gleichwohl lauern während des Vogelzuges zahlreiche und vielfältige Gefahren auf die Vögel. Dazu gehören Räuber, Hunger, Trockenheit und natürlich die unbeständige Witterung. Kein Wunder, dass wir das alljährlich im Herbst wiederkehrende Sammeln der Schwalben mit gemischten Gefühlen beobachten und die Vögel dann vermissen, wenn schließlich die Zeit des Abfluges heran ist. Es werden mindestens sechs oder mehr Monate ins Land gehen, bis wir sie wieder über unseren Gärten sehen.

Frühjahrsputz im Herbst

Der Frühherbst ist paradoxerweise die richtige Zeit für einen gründlichen Frühjahrsputz im Garten und an den unterschiedlichen Futterstellen. Inspizieren Sie die Nistkästen und entfernen Sie daraus alle Reste wie Nistmaterial und nicht ausgebrütete Vogeleier oder tote Vogeljunge. Da das mitunter eine ziemlich grausige und unhygienische Angelegenheit ist, sollten Sie bei dieser Arbeit Gummihandschuhe tragen. Nehmen Sie den Nistkasten nötigenfalls ab, damit er gründlich mit Seifenwasser und Bürste gereinigt werden kann. Spülen Sie den Kasten danach ab und lassen Sie ihn richtig austrocknen, bevor er wieder an seinen Platz kommt.

Reinigen Sie im Herbst Ihren Gartenteich. Entfernen Sie Blätter und sonstige Dinge, die nicht ins Wasser gehören. Spannen Sie danach ein Netz über den Teich, damit das Herbstlaub aufgefangen wird und nicht ins Wasser fällt. Schauen Sie sich den Teichrand an; der Pflanzenbewuchs darf nicht zu stark und die Teichfolie nicht undicht geworden sein.

Jetzt ist es auch an der Zeit Bäume und Sträucher zu verschneiden; entfernen Sie überflüssige Triebe und sorgen Sie so für ein kräftiges, gesundes Wachstum im Folgejahr. Mit den herbstlichen Aufräum- und Pflegearbeiten bringen Sie den Garten gleichzeitig für die Brutsaison im kommenden Frühjahr in Schuss. Lassen Sie einen kleinen Haufen aus abgeschnittenen Zweigen liegen; er ist ein idealer Unterschlupf für Käfer und andere wirbellose Tiere, die wiederum Futter für die Vögel sind.

Oben: *Im Herbst verlangsamt sich das Leben im Teich. Sie als Teicheigner haben in dieser Zeit besonders viel mit dem Entfernen des Laubes aus dem Wasser zu tun.*

Hinweise

- Wenn Sie noch keinen Gartenteich besitzen, überlegen Sie, ob Sie nicht einen anlegen sollten. Die Zeit zur Planung und zur Beschaffung der nötigen Ausrüstung ist günstig.
- Notieren Sie sich das Datum, an dem Sie Mehl- und Rauchschwalben und andere Sommergäste zuletzt am Himmel gesehen haben.
- Halten Sie Ausschau nach den ersten Herbstgästen wie z.B. Eichelhäher, Wacholder- und Rotdrossel.
- Erhöhen Sie die Futtermengen im Futterhaus und in den Futtergeräten.

Oktober

Das ist der klassische Herbstmonat, in dem die Wärme des Sommers dem kalten Wetter des bevorstehenden Winters weicht. Jetzt beginnt die Belastungsprobe für die Vögel: Werden sie ausreichend Nahrung finden um bis zum Frühling überleben zu können oder gelingt ihnen das nicht und verhungern sie schließlich oder werden von einem Räuber gefressen?

Wie der September und der November ist auch der Oktober ein Monat der Bewegung. Die Mehlschwalbe und die anderen letzten Sommergäste verlassen unsere Breiten schließlich, während nun das Gros der Wintergäste, darunter Drosseln, Rotkehlchen,

Oben: *Im Herbst erscheinen kleine Trupps von Wintergoldhähnchen auf der Suche nach Insekten regelmäßig in den Gärten. Dem links abgebildeten Jungvogel fehlt noch der orangefarbene Scheitel der Altvögel.*

Wintergoldhähnchen und Meisen richtig in Fahrt ist. Viele dieser winzigen Vögel verlassen Skandinavien um den Winter in milderem Klima zu verbringen, das ihnen bessere Überlebenschancen bietet. Angesichts der immer kürzer werdenden Tage und der sinkenden Temperaturen machen die Futterstellen unsere Gärten für viele von ihnen zu einer willkommenen Oase.

Das Wetter im Oktober kann sehr stark variieren. Wir können noch die milden Temperaturen des Altweibersommers genießen, erleben aber auch die Auswirkungen der Herbststürme, die mitunter viel Schaden anrichten.

Winzige Besucher

Sie verbringen vielleicht gerade einen ruhigen Nachmittag mit Gartenarbeiten, fegen das Herbstlaub zu Haufen zusammen, da dringt Ihnen plötzlich ein dünner, hoher Ruf ins Bewusstsein, der von irgendwo über Ihnen erklingt. Wenn Sie nach oben schauen, werden Sie die Vögel zunächst gar nicht sehen. Achten Sie deshalb auf eine Bewegung, die deren Gegenwart verrät. Es ist ein Trupp Schwanzmeisen, deren Lockrufe Ihre Aufmerksamkeit erregt haben. Jetzt sehen Sie sie – winzige Bälle in Hellbraun, Schwarz und Rosa, mit übermä-

Links: *Ein regelmäßiger Herbstgast in den Gärten ist die Schwanzmeise, ein Vogel mit schönem, rosa, braun und cremeweiß gefärbtem Gefieder. Er ist sehr zutraulich und scheint die Menschen gar nicht zu beachten, so dass man ihn oft auch aus großer Nähe beobachten kann.*

Hinweise

- Jetzt wäre es an der Zeit einen Teich anzulegen. So können die Gewächse, die Sie im Wasser und am Rand pflanzen wollen, bis zum nächsten Frühjahr richtig Fuß fassen.
- Horchen Sie an schönen Herbstabenden und frühmorgens auf vorüberfliegende Zugvögel.
- Säubern Sie die Nistkästen gründlich, falls Sie das noch nicht getan haben.
- Heben Sie ein paar Äpfel und anderes Obst für den Winter auf; sie sind ein leckeres Futter für Amseln und Drosseln.

Anlegen eines Teiches

Wenn Sie hin und wieder ein bisschen harte Arbeit mögen, könnten Sie vielleicht einen Gartenteich anlegen, ehe die Erde frosthart wird. Der Oktober ist ein idealer Monat dafür, da die Pflanzen rund um den Teich und im Wasser dann noch richtig anwachsen können.

Planen Sie die Anlage mit Sorgfalt, denn größere Fehler lassen sich im Nachhinein nicht mehr korrigieren. Lassen Sie sich im Zweifelsfall von einem Freund oder Nachbarn beraten, der bereits einen Teich angelegt hat.

ßig langem Schwanz, den sie weit nach hinten ausstrecken, wenn sie bei der Suche nach Insekten von Zweig zu Zweig flattern.

Horchen Sie noch einmal hin und Sie werden einen hohen Ruf vernehmen. Er gehört zu einem anderen Winzling, dem Wintergoldhähnchen, der als kleinster Vogel Europas gilt. Es ist kaum zu glauben, dass dieser kleine Angehörige der Grasmückenfamilie den ganzen Winter hier bei uns in Mitteleuropa verbringt und durch die unablässige Suche nach kleinen wirbellosen Tieren überlebt.

Wintergoldhähnchen schließen sich oftmals Meisentrupps, mit Vorliebe Schwanzmeisen an, denn so kann jedes Individuum besser nach Futter suchen. Wenn Sie sich ganz still verhalten und sich nicht bewegen, können Schwanzmeisen und Wintergoldhähnchen unglaublich zutraulich sein. Sie kommen so erstaunlich nah heran, dass man sie fast berühren kann, und flattern dann wieder weg.

Singende Rotkehlchen

Der Oktober ist, was den Gesang der Vögel betrifft, im Allgemeinen ein recht stiller Monat. Eine Ausnahme machen die Rotkehlchen. Sie schließen sich im Unterschied zu den meisten Kleinvögeln im Herbst und im Winter nicht zu Verbänden zusammen, sondern verteidigen weiterhin ihre Reviere. Aus diesem Grund lassen Männchen wie Weibchen die ganze Saison hindurch ihre schönen Lieder ertönen.

Angeregt durch das Licht der Straßenlaternen singen Rotkehlchen häufig auch bei Nacht. Aus diesem Grund verwechselt man sie oft mit der Nachtigall. Wer das nächtliche Lied in seinem Garten hört, lässt sich dann oftmals nur schwer davon überzeugen, dass der Sänger ein Rotkehlchen und kein exotischerer Vogel war.

Unten: *Der einzige Singvogel, dessen Lied man in den Herbstmonaten regelmäßig hört, ist das bekannte Rotkehlchen, das sein Revier das ganze Jahr über verteidigt.*

November

Oben: *Häufig sind unterschiedliche Arten von Meisen und anderen Kleinvögeln im Herbst und im Winter gemeinsam unterwegs um im Verband eher eine Futterquelle zu finden. Hören Sie auf die Lockrufe, die den Trupp zusammenhalten sollen.*

Der November ist der Monat des großen Wandels, der von zwei Erscheinungen ausgelöst wird – von der verringerten Helligkeitsdauer und vom Sinken der Temperaturen. Die Folge ist, dass es für die Vögel schwieriger wird in ihrem natürlichen Lebensumfeld, auf den Feldern und in den Wäldern Nahrung zu finden und dass sie nach anderen Futterquellen suchen müssen. In dieser Zeit tun sich Vögel, die ohnehin in der Nähe menschlicher Siedlungen leben, zusammen und fliegen in die Gärten der Dörfer und Städte.

Haben Sie Gelegenheit dazu, beobachten Sie die Vögel kurz nach Tagesanbruch und vor Einbruch der Dunkelheit. Müssen Sie das Haus zeitig verlassen, schauen Sie wenigstens ein paar Minuten durch das Küchenfenster in den Garten. Sie werden erstaunt sein über die Dinge, die Sie manchmal zu sehen bekommen. Vergessen Sie nicht das Tagebuch über die Gartenvögel auf den neuesten Stand zu bringen. Notieren Sie nicht nur die Vogelarten, sondern auch die Zahl der Vögel sowie Einzelheiten über das Verhalten der Tiere.

Meisentrupps

Meisentrupps gehören zu den auffallendsten Erscheinungen, die Sie im Spätherbst und Winter im Garten beobachten können. Vielleicht haben im Frühjahr und Sommer ein oder zwei Blau- oder Kohlmeisenpärchen in Ihrem Grundstück genistet, die im Spätsommer zusammen mit ihrem Nachwuchs die Gärten rundum aufsuchen. Die Nahrung suchenden Trupps tauchen aller-

dings auch schon früher als im November auf. In einem solchen Trupp fliegen 20 bis 30 Vögel, die oftmals unterschiedlichen Arten, nämlich Tannen-, Sumpf- und Schwanzmeisen, angehören. Das erste Anzeichen ist akustischer Art – eine Folge hoher Piepser, die die Ankunft der Vögel ankündigt. Dann sehen Sie die Tiere; sie hüpfen zwischen den Zweigen der Bäume und Sträucher umher und picken dort winzige Insekten ab, bevor sie so rasch, wie sie gekommen sind, wieder wegfliegen und nur noch Stille hinterlassen.

Die Rufe helfen den Vögeln miteinander in Kontakt zu bleiben, denn im Unterschied zum Frühjahr und zum Sommer, da die Vögel sich paaren und ihr Territorium heftig gegen Rivalen verteidigen, sind der Herbst und der Winter eine Zeit der Kooperation. Der Zusammenschluss mit anderen Vögeln hat zwei Vorteile. Der Trupp kann sich die Nahrung teilen, die ein Vogel gefunden hat, und die Zugehörigkeit zu einer größeren Gruppe bietet einen gewissen Schutz vor Räubern, denn viele Augenpaare nehmen die Gefahr wohl eher wahr, und ein ganzer Trupp auf einmal kann den Räuber auch durchaus verwirren.

Wenn ein Meisentrupp Ihren Garten aufsucht, achten Sie auf dessen Anhang – Wintergoldhähnchen, Kleiber und Baumläufer.

Oben: *In einem strengen Winter kommen auch Rotdrosseln in Ihren Garten. Halten Sie das Wasser eisfrei und sorgen Sie für ein gutes Futterangebot. Pflanzen Sie für die Drosseln Beeren tragende Sträucher und legen Sie im Winter ein paar Äpfel auf den Rasen.*

Wenn Sie großes Glück haben, sehen Sie ganz am Ende des Verbandes vielleicht sogar einen Kleinspecht oder einen noch selteneren Vogel, der sein Überleben im Trupp zu sichern versucht.

Schauen und Hören

Der November ist auch eine günstige Zeit für das Erscheinen einiger überraschender Spezies auf der Liste Ihrer Gartengäste. Auch die Arten, die Ihr Grundstück lediglich überfliegen, zählen. Gehen Sie deshalb kurz nach Tagesanbruch oder kurz vor Einbruch der Dunkelheit in den Garten und horchen Sie auf die verräterischen Rufe von Vögeln, die am Himmel dahinfliegen. Rotdrosseln, Wacholderdrosseln und Feldlerchen sind in dieser Jahreszeit regelmäßig zu hören.

Viele Singvögel befinden sich nachts auf ihrem Zug in die Überwinterungsgebiete. Wenn Sie möchten, können Sie also auch einmal Nachtwache halten. Am besten für die Beobachtung sind kalte Nächte mit hellem Mondschein. Ziehen Sie sich dafür aber richtig warm an.

Auch die Abendstunden, in denen die Vögel ihre Schlafstätten aufsuchen, sind günstig für das Beobachten der Tiere. Wohnen Sie an einer Flugroute, d. h. zwischen einem Park oder Wald und einem Gewässer, können Sie am Himmel große, meist in lockeren Formationen fliegende Möwen-, Enten- und Gänseschwärme sehen. Im Gefolge fliegen mitunter Krähen, Drosseln, Finken und viele andere Arten, die alle auf der Suche nach einem sicheren Schlafplatz für die Nacht sind.

Hinweise

- Bringen Sie das Verschneiden von Bäumen und Sträuchern und alle übrigen Gartenarbeiten zu Ende.
- Erhöhen Sie allmählich die Menge des Vogelfutters, bieten Sie vor allem energiereiche Samen an und füllen Sie die Futtergeräte, die zu dieser Zeit immer rascher leer werden, regelmäßig nach.
- Schauen Sie nach, ob im Gartenteich Laub liegt und entfernen Sie es.
- Räumen Sie den Garten nicht übertrieben gründlich auf; ein herabgefallener Ast, ein lockerer Stein oder ein bisschen Pflanzengewirr bieten wild lebenden Tieren Lebensraum.
- Stellen Sie ein Futterhaus auf. Besitzen Sie bereits ein Futterhaus, säubern sie es gründlich. Reinigen Sie auch die Futtergeräte.
- Halten Sie das Wasser in der Vogeltränke eisfrei.

91

Dezember

Der letzte Monat des Jahres ist im Garten oftmals der ereignisreichste, denn die kältere Witterung zwingt viel mehr Vögel die umliegenden Lebensräume zu verlassen und auf der Suche nach Futter in unsere Gärten zu kommen. Wintergäste wie Rot- und Wacholderdrosseln können in größerer Zahl auftauchen, während die üblichen Besucher – Meisen, Rotkehlchen, Zaunkönige, Stare und Haussperlinge – wahrscheinlich regelmäßige Gäste am Futterhaus und an den Futtergeräten sind.

Bei Nachtfrost können die Wasserquellen zum Trinken und Baden überfrieren. Machen Sie es sich daher zur Gewohnheit die Vogeltränke jeden Morgen mit sauberem, warmem Wasser aufzufüllen. Denken Sie vor allem daran, wenn Sie zu früher Stunde aus dem Haus müssen.

Wenn die Tage immer kürzer werden und die Temperaturen sinken, dürfen Sie natürlich nicht vergessen die Futtermenge für die Gartenvögel zu erhöhen und die Futtergeräte regelmäßig und öfter als sonst nachzufüllen.

Drosseln, Beeren und Früchte

Singdrossel, Misteldrossel, Rotdrossel, Wacholderdrossel und Amsel haben für Beeren und Früchte eine besondere Vorliebe. Sie fressen vor allem im Winter gern davon, denn in dieser Zeit sind Würmer und Larven nur sehr schwer zu finden.

Helfen Sie den Vögeln und pflanzen Sie Beeren tragende Gewächse wie Stechpalme, Weißdorn und Zwergmispel in Ihren Garten. Sie tragen im Herbst und im Winter, also gerade zu der Zeit, da die Vögel sie am dringendsten benötigen, eine Unmenge saftiger, reifer Früchte. Solche Büsche werden von Misteldrosseln häufig über Wochen oder gar Monate gegen alle Nahrungskonkurrenten verteidigt, bis sämtliche Früchte aufgefressen sind. Andere Drosselvögel verhalten sich kooperativer und fressen zusammen mit Artgenossen und auch Angehörigen anderer Spezies, so dass beispielsweise gemischte Trupps aus Rot- und Wacholderdrosseln im Winter kein seltener Anblick sind.

Drosselvögel lassen sich auch auf andere Weise in einen Garten locken. Legen Sie unter den Futtergeräten einfach ein paar alte Äpfel auf den Boden. Die Äpfel ziehen oftmals hungrige Amseln an, die dafür eine besondere Schwäche haben.

Weihnachten

Für viele Menschen ist die Weihnachtszeit eine der wenigen Gelegenheiten, einmal in Ruhe die Vögel im Garten zu beobachten. Wenn Sie also in dieser festlichen Zeit einige Tage frei haben, nutzen Sie die Gelegenheit in zweierlei Hinsicht. Erledigen Sie erst einmal all die kleinen

Links: *Amseln fressen gern Fallobst, das auch schon etwas angegangen sein kann. Sie tanken damit ohne großen Aufwand Energie auf um in guter körperlicher Verfassung durch den Winter zu kommen.*

Der Seidenschwanz

Wenn Sie großes Glück haben, bekommen Sie vielleicht auch einmal einen Trupp Seidenschwänze zu Gesicht. Der Seidenschwanz ist der als Beobachtungsobjekt begehrteste und der zweifellos schönste unter all unseren Wintergästen. Die Zahl dieser Vögel, die im Winter bei uns Quartier nehmen, ist von Jahr zu Jahr unterschiedlich; sie hängt vom Beerenangebot in den skandinavischen und russischen Brutgebieten ab. In guten „Seidenschwanzjahren" erscheinen die Vögel hier in ganzen Schwärmen. Sie kommen dann häufig in die Gärten und halten sich in einem Beeren tragenden Busch mitunter so lange auf, bis dessen Früchte restlos aufgezehrt sind.

Lässt sich bei Ihnen ein Schwarm Seidenschwänze nieder, bereiten Sie sich auch auf eine andere Invasion vor, denn es werden dutzende Vogelbeobachter kommen, die in Ihren Garten spähen um die Tiere mit ihrem hübschen Gefieder zu sehen.

Rechts: Der begehrteste Gartengast ist zweifellos der Seidenschwanz, ein seltener Besucher aus Skandinavien und Nordrussland, der sich vor allem von Beeren ernährt.

Arbeiten, die Sie das ganze Jahr hindurch immer wieder aufgeschoben haben; reinigen Sie das Futterhaus und die Futtergeräte gründlich oder räumen Sie die Nistkästen aus, damit die Vögel im kommenden Frühjahr wieder darin brüten können. Nehmen Sie sich dann die Zeit die Früchte Ihrer Arbeit zu genießen; setzen Sie sich eine oder zwei Stunden einfach ans Fenster um die Vögel in Ihrem Garten zu beobachten und ihr Verhalten verstehen zu lernen. Wenn die Festlichkeiten schließlich vorüber sind, vergessen Sie nicht, dass den Vögeln ein Stück Weihnachtsstollen vielleicht ebenso gut schmeckt wie Ihnen.

Hinweise

- Ziehen Sie sich an einem Abend warm an und zählen Sie die Vögel, die am Himmel über Ihnen zu ihren Schlafplätzen fliegen.
- Legen Sie vor allem bei strenger Witterung auch Essensreste ins Futterhaus. Erhöhen Sie die Menge der anderen Futterarten.
- Blättern Sie Ihr Notizbuch für das ablaufende Jahr durch und lassen Sie die Erinnerung an die Vögel, die Sie in Ihrem Garten gesehen haben, noch einmal aufleben.

Schutzmaßnahmen

In diesem Kapitel geht es um all die Dinge, die Sie lieber nicht in Ihrem Garten haben möchten – Schädlinge und Räuber, Katzen und Eichhörnchen, Ratten und Mäuse, Elstern und Schnecken und die Gefahren, die von Pestiziden ausgehen. Sie werden mit einigen meiner Vorschläge möglicherweise nicht einverstanden sein oder haben selbst eine Lösung gefunden. Ich wünsche Ihnen in jedem Fall viel Glück.

Schädlinge und Räuber

Locken Sie Vögel mit Futter, Wasser und Nistplätzen in Ihren Garten, machen Sie die Tiere gleichzeitig anfällig gegen Krankheiten und insbesondere gegen Räuber. Das Futterhaus mag den Vögeln zwar Futter bieten, doch für eine Katze oder einen Sperber ist es ebenfalls die Gelegenheit für eine kostenlose Mahlzeit in Form eines Vogels.

Auch weniger augenfällige Gefahren sind zu beachten: Eichhörnchen, die Futter und Vogeleier stehlen, Eichelhäher und Elstern, die brütenden Vögeln übel mitspielen können, Ratten, Mäuse, denen eine neue Futterquelle stets gelegen kommt – ganz zu schweigen von Schädlingen, die wie beispielsweise Insekten, Schnecken und Blattläuse mehr im Verborgenen wirken (siehe unten).

Ratten und Mäuse

Ratten und Mäuse können zum Problem werden, vor allem dann, wenn sie in Ihr Haus eindringen. Um sie nicht noch anzulocken, sorgen Sie dafür, dass stets nur so viel Futter wie nötig für die Vögel da ist, damit abends keine Reste mehr herumliegen. Machen Sie vor allem die Flächen unter dem Futterhaus sowie unter den Futtergeräten regelmäßig sauber und bewahren Sie Sämereien und Nüsse für die Vögel in luftdicht schließenden Behältern auf, so dass die Schadnager nicht an das Futter herankommen.

Können Sie das Ratten- und Mäuseproblem nicht selbst lösen, lassen Sie die Schädlinge von einem Profi aus Haus und Garten vertreiben. Sollen nicht die Vögel und andere wild lebende Tiere in Mitleidenschaft gezogen werden, ist schnelles Handeln geboten.

Eichhörnchen

Eichhörnchen mag jedermann, und wo die drolligen Tiere auftauchen, macht sich so mancher den Spaß, ihre Geschicklichkeit mit speziell aufgebauten Hindernisstrecken zu testen. Andere Gartenbesitzer tun alles um ihr Grundstück zur eichhörnchenfreien Zone zu machen. Das größte Problem ist die Fähigkeit der Eichhörnchen, selbst solide gebaute Futtergeräte innerhalb von Minuten zu zerstören, was nicht nur ärgerlich, sondern auch sehr kostspielig ist. Probieren Sie es mit eichhörnchensicheren Futter-

Links: In Ihrem Garten kann überraschend auch einmal ein Sperber auftauchen, der dann unter den Vögeln im Futterhaus schrecklich wütet.

Oben: Eichelhäher können Vogeljunge aus dem Nest stehlen.

Rechts: Damit keine Ratten oder andere Störenfriede in Ihren Garten gelockt werden, sollten Sie regelmäßig die Reste des Vogelfutters wegräumen.

Links: *Eichhörnchen dringen auf geschickte Weise auch in angeblich eichhörnchensichere Futtergeräte aus Metall ein um an die Erdnüsse darin zu gelangen.*

Unten: *Dieser Sperber war mit Erfolg auf Jagd. Seine Beute ist ein Star, den er seinen hungrigen Jungen bringt.*

geräten, die – manchmal – ihre Funktion erfüllen, oder versuchen Sie die Eichhörnchen mit ausgeklügelten Sperren unter dem Futterhaus an ihrem räuberischen Tun zu hindern. Meistens finden die akrobatischen Wesen doch einen Weg. Die in Nordamerika heimischen Grauhörnchen, die auch nach Großbritannien gelangten, richten dort in Wäldern und Obstgärten mitunter große Schäden an. Sie rauben auch Vogelnester aus, indem sie die Eier oder die Nestlinge auffressen.

Vögel

Natürlich werden Vögel auch zur Beute anderer Vögel. Sperber beispielsweise fressen ausgewachsene Vögel, während Eichelhäher und Elstern Eier und Küken aus den Nestern holen. Selbst so willkommene Vögel wie der Buntspecht plündern mitunter Vogelnester und fressen die Jungen auf.

Das ist in vielerlei Hinsicht Teil des natürlichen Kreislaufs, und Sie sollten nicht versuchen dagegen anzukämpfen. Reagieren Sie auf diesem Gebiet etwas empfindlich, können Sie auf unterschiedliche Weise dafür sorgen, dass es solche gewalttätigen Szenen nicht allzu oft gibt. Sorgen Sie zunächst dafür, dass das Futterhaus, die Futtergeräte und die Nistkästen weit genug von allen Zugangsmöglichkeiten entfernt sind, über die der Vogelräuber einen unvorsichtigen Singvogel bequem zu fassen bekäme. Schützen Sie außerdem Nistkästen und andere Nistplätze mit Maschendraht, in dem es für die Altvögel einen engen Zugang gibt, durch den größere Räuber aber nicht passen.

Es ist übrigens die Zahl der verfügbaren Beutetiere, die die Population der natürlichen Räuber reguliert – nicht umgekehrt. Elstern, Eichelhäher und Sperber haben in den letzten Jahren beispielsweise in Großbritannien zwar ein starkes Anwachsen ihrer Populationen erlebt, während die Entwicklung bei vielen Singvogelarten genau umgekehrt verlief, doch besteht zwischen den beiden Trends kein Zusammenhang. Die wahren Schuldigen an der rückläufigen Entwicklung bei den Singvögeln sind nach meiner Einschätzung die britische Landwirtschaftspolitik und die Liebe der Briten zu ihren Hauskatzen.

Katzen

Katzen sind dort, wo sie in großer Zahl leben, das Hauptproblem für die Sicherheit der Gartenvögel. Auch die Tatsache, dass der Mensch die Katze als Haustier hält und somit aus dem natürlichen Kreislauf des Fressens und Gefressenwerdens herausnimmt, spielt eine Rolle. Der wichtigste Punkt jedoch ist der, dass Katzen sehr effizient töten.

In Großbritannien gibt es rund sieben Millionen Katzen, von denen wiederum ein Drittel wild lebt. Ihnen fallen jährlich 25 – 75 Millionen Vögel zum Opfer. Die meisten davon würden allerdings auch ohne Zutun der Katzen und aus anderen Gründen sterben, da bei den meisten Gartenvogelarten ein Pärchen stets mehrere Junge großzieht, für eine stabile Population jedoch nur zwei

Oben rechts: Elstern ernähren sich oftmals auch von Singvögeln. Hier musste ein Haussperling sein Leben lassen.

Rechts: Katzen sind für manche Gartenbesitzer ein Problem. Sie haben keine natürlichen Feinde, dafür aber einen ausgeprägten Jagdtrieb und können so zahlreiche Nestlinge und Altvögel töten.

Oben: *Amseln und andere Arten, die in Sträuchern und Büschen nisten, sind besonders durch räubernde Katzen gefährdet.*

Andere Gefahren

Vögel fallen nicht nur Schädlingen und
Räubern zum Opfer; auf sie lauert in Ihrem
Garten auch eine Reihe anderer Gefahren.
Es handelt sich dabei zwar nicht um große
Gefahren, doch es ist trotzdem bedauerlich,
wenn man einen Vogel findet, dessen Ver-
letzung oder Tod darauf zurückzuführen ist.

Glasfenster und Glastüren

Vögel können Glasscheiben nur schwer erkennen. Sie versuchen vor allem dann, wenn
sie hinter dem Fenster oder der Tür einen
Lichtschein oder auf dem Glas ihr eigenes
Spiegelbild sehen, geradewegs durch das
Glas hindurchzufliegen. Sperber, Tauben
und andere große Vögel sind nach einer Kol-
lision meistens nur betäubt, doch bei kleineren Arten wie dem Rotkehlchen führt der
Anprall zum sofortigen Tod.

Hin und wieder greift ein Vogelmännchen sein Spiegelbild an, weil es das Bild für
einen Konkurrenten hält, der in sein Revier
eingedrungen ist. Dieses Verhalten hat zwar
nur selten Verletzungen oder gar den Tod
zur Folge, doch vergeudet der Vogel dabei
wertvolle Energie, die er in dieser Zeit – der Brutsaison – besonders braucht.

Schaffen Sie hier Abhilfe, indem Sie die Silhouette eines Ha-
bichts (oder eine andere Kontur mit Warnfunktion) von innen an
die Glasflächen Ihrer Fenster oder Türen kleben. Sie hält die meisten Vögel davon ab gegen das Glas zu fliegen.

Wasser

Wasser ist für die Vögel lebenswichtig, doch zuweilen auch tod-
bringend. Vor allem Kleinvögel können ertrinken, wenn sie in ein
Wasserfass oder in eine Wanne mit Regenwasser fallen. Decken
Sie die Gefäße entweder vollständig ab oder legen Sie ein Holz-
brett auf das Wasser, damit sich die Vögel zum Trinken darauf
niederlassen können. Auch ein fest verankerter verzweigter Stock
oder Ast hilft einem im Wasser zappelnden Vogel sich aus seiner
misslichen Lage zu retten.

Pestizide und Herbizide

Pestizide und Herbizide sind ein heikles Thema, da viele Gartenbesitzer, die gern Vögel und andere wild lebende Tiere auf ihrem
Grundstück haben möchten, gleichzeitig eifrige Gärtner sind und
ihre wertvollen Pflanzen nicht von Blattläusen, Raupen, Schne-

(von den Eltern und ihrem Nachwuchs) überleben müssen um im
Folgejahr zu brüten.

Es gibt verschiedene Möglichkeiten die Gefährdung der Gartenvögel durch Katzen zu verringern. Ein Halsband mit Glöckchen
warnt das potenzielle Opfer und bietet ihm die Chance zu flie-
hen. Auch gibt es chemische Mittel, die Katzen davon abhalten
Ihren Garten zu betreten. Wenn Sie eine Katze oder einen Kater
besitzen, lassen Sie das Tier sterilisieren bzw. kastrieren, damit es
nicht noch die Zahl der wild lebenden Katzen vergrößern hilft.
Platzieren Sie Nistkästen und Futterstellen außerhalb der Reich-
weite von Katzen oder schützen Sie die Kästen und Futterstellen
vor deren Zugriff. Nutzen Sie aber auch die Natur zum Schutz der
Vögel: Stechpalme, Stechginster, Berberitze oder andere be-
dornte Gewächse bieten nicht nur sichere Nistplätze; man kann
die Stützen des Futterhauses und das unmittelbare Umfeld eines
Nistkastens mit Zweigen dieser Sträucher bestücken und Katzen
damit sehr wirksam fern halten.

cken und anderen so genannten Schädlingen anfressen lassen wollen.

Eigentlich haben Sie ja die Schlacht schon halb gewonnen, wenn Sie Vögel in Ihren Garten locken. Eine gesunde Vogelpopulation wirkt als natürliches System der Schädlingsbekämpfung; sie hält die Zahl der vielen wirbellosen Tiere gering, da dieses Getier den Vögeln als Nahrung dient. Dieses biologische Aufräumkommando leistet sehr gute Arbeit (vor allem die Blaumeisen, die Raupen vertilgen, und die Singdrosseln, die die Schneckenpopulation in Ihrem Garten unter Kontrolle halten). Holen Sie auch andere Räuber wie Igel (die Schnecken fressen), Frösche, Kröten und natürlich auch Marienkäfer (die Blattläuse mögen) in Ihren Garten.

Es ist zwar verlockend, im Kampf gegen schaderregende Insekten die chemische Keule einzusetzen, doch versuchen Sie einem solchen Schritt zu widerstehen. Der Einsatz starker Chemikalien verschleiert das Problem nur und birgt außerdem die Gefahr, dass eben jene Vögel, die Sie so gern sehen, vergiftet werden. Auch Gartenchemikalien, die heute zwar viel sicherer sind als früher, können die menschliche Gesundheit gefährden.

Versagt die chemiefreie Bekämpfungsmethode, können Sie sich immer noch von Experten für organisches Gärtnern beraten lassen, die vielerlei Möglichkeiten zur Bekämpfung schaderregender Insekten ohne Einsatz schädlicher Chemikalien entwickelt haben.

Oben: *Dieser Abdruck an einem Fenster zeigt die Stelle, an der ein großer Vogel, wahrscheinlich ein Sperber, gegen das Glas geflogen ist.*

Unten links und rechts: *Zur Bekämpfung von Raupen und Schnecken brauchen Sie keine Chemikalien; holen Sie einfach Blaumeisen und Singdrosseln in Ihren Garten.*

Bestimmung der Vögel im Garten

Dieses Kapitel soll Ihnen bei der Bestimmung der verschiedenen Vogelarten helfen, die Ihren Garten regelmäßig oder auch nur gelegentlich besuchen. Es ist in drei Abschnitte – **Regelmäßig erscheinende Arten**, **selten erscheinende Arten** und **vorüberfliegende Arten** – gegliedert.

Die erste Kategorie, die **regelmäßig erscheinenden Arten**, umfasst gewöhnliche und bekannte Vögel wie die Amsel und das Rotkehlchen sowie nur gelegentlich, aber dennoch regelmäßig auftretende Gartenbesucher wie den Baumläufer und den Grauschnäpper.

In der zweiten Kategorie, d.h. bei den **selten erscheinenden Arten**, finden Sie zahlreiche weniger regelmäßige Gartenbesucher wie den Kleinspecht, den Kernbeißer und den Birkenzeisig sowie einige Arten, die zwar auf dem europäischen Kontinent zu den gewöhnlichen Arten zählen, in den Gärten Großbritanniens aber selten sind oder überhaupt fehlen. In diese Gruppe habe ich den Weißstorch, den Wiedehopf, den Girlitz und den Pirol eingeordnet.

Die dritte Kategorie, die **vorüberfliegenden Arten**, ist in Gruppen oder Familien wie Greifvögel, Wildvögel und Möwen gegliedert und enthält die zahlreichen Spezies, die unsere Gärten, falls überhaupt, dann nur selten aufsuchen, die aber vielleicht im Vorüberfliegen zu sehen sind.

Die Erläuterungen sollen Ihnen einige Kenntnisse über die Vögel selbst vermitteln; sie sind größtenteils von einem persönlichen Standpunkt aus geschrieben. Sind Sie an detaillierteren Informationen beispielsweise über spezifische Bestimmungsmerkmale interessiert, schlagen Sie in einem der vielen ausgezeichneten Handbücher und Naturführer nach, die es im Buchhandel und in Bibliotheken gibt.

Es gibt keinen Garten, in dem sich alle oder die meisten der aufgeführten Vögel einfinden. Denken Sie bei der Bestimmung einer Spezies daran und prüfen Sie Ihre Beobachtung gründlich, bevor Sie verkünden einen ungewöhnlichen Vogel gesehen zu haben. Allerdings habe ich in der Zeit, in der ich in einem Vorort westlich von London gewohnt habe, in gewöhnlichen Gärten oder beim Überfliegen der Gärten auch den Steinkauz, die Englische Schafstelze, den Baumfalken, den Fischadler und die Schmarotzerraubmöwe registriert. Tun Sie also keine Beobachtung als unmöglich ab!

Links und oben: Graureiher (links) *und Eisvogel* (oben) *kommen vielleicht in Ihren Garten, wenn sie darin einen Teich vorfinden.*

Rechts: Die Elster mag zwar nicht der beliebteste *Gartenbesucher sein, doch wenn man einmal genauer hinschaut, muss man das glänzende blau, schwarz und weiß gefärbte Gefieder einfach bewundern.*

Regelmäßig erscheinende Arten

Graureiher *Ardea cinerea* Größe 90 – 100 cm

Der größte Vogel, der vielleicht je Ihren Garten besuchen wird, ist der Graureiher. Er bietet einen imposanten Anblick, insbesondere dann, wenn er zur Landung ansetzt und Fische aus Ihrem Teich zu holen versucht. Spannen Sie eventuell Stolperdrähte über die Wasserfläche, die den hungrigen Räuber vom Fischfang in Ihrem Gartenteich abhalten. Vom Graureiher bekommt man eigentlich eher das charakteristische Flugbild mit den breiten Schwingen, dem S-förmig gekrümmten Hals und den nach hinten gestreckten Beinen zu Gesicht. Graureiher geben im Flug tiefe, krächzende Laute von sich.

Graureiher sind scheue Vögel, die sehr empfindlich gegen lang anhaltende winterliche Eis- und Schneeperioden sind, in denen sie verhungern können. Dann kommen sie mitunter auch in die Gärten und nehmen sogar Nahrung aus den Futterhäusern zu sich.

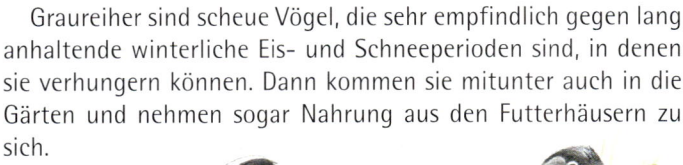

Links: *Graureiher findet man im Allgemeinen an Gewässern. Sie nisten in Kolonien und bauen ihre Nester in Baumwipfel. Ihre Brutsaison beginnt schon sehr früh im Jahr; manchmal liegt dann sogar noch Schnee.*

Oben: *Die Jungen ähneln ihren Eltern (links), haben jedoch noch nicht deren charakteristischen schwarzen Augenstreif.*

Stockente *Anas platyrhynchos* Größe 51 – 62 cm

Die verbreitete und häufige Stockente ist die Ahnin der meisten Hausenten. Viele Menschen lernen die Stockente schon im frühen Kindesalter kennen, wenn sie deren Artgenossen an Flüssen und Teichen füttern. Liegt Ihr Haus an einem Gewässer, kann es sogar vorkommen, dass Stockenten Ihren Garten aufsuchen um sich von Ihnen beköstigen zu lassen.

Stockenten brüten zeitig im Jahr. Die flaumigen Küken sind schon kurz nach dem Schlüpfen in der Lage sich ihr Futter selbst zu suchen. Im Frühjahr begleiten sie häufig ihre Mutter in die Gärten, insbesondere dann, wenn es dort regelmäßig Futter gibt.

Der Erpel trägt in der Brutzeit ein sehr hübsches, charakteristisch gefärbtes Gefieder mit flaschengrünem Kopf und rotbrauner Brust. Im Vergleich dazu mag das Weibchen zunächst farblos erscheinen, doch wenn Sie genauer hinschauen, erkennen Sie die feine Zeichnung und die mannigfaltigen braunen, gelbbraunen und schwarzen Farbschattierungen des Federkleides.

Oben: *Stockenten sieht man häufig über Gärten hinwegfliegen, die in der Nähe eines Flusses oder eines Sees liegen.*

Rechts: *Im Hochsommer mausern sich die Stockenten. Das neue Gefieder des Männchens ist danach nicht mehr so bunt und ähnelt dem des Weibchens.*

Sperber *Accipiter nisus* Größe 32 cm

Dieser scheue Greifvogel ist weniger selten als Sie vielleicht glauben mögen. Am häufigsten sieht man ihn allerdings, wenn er auf der Jagd nach einem Vogel im Tiefflug durch die Blätter fegt. Sie können ihn auch hoch am Himmel schweben sehen, wenn er abwechselnd mit raschem Flügelschlag und dann wieder im Gleitflug aufmerksam spähend über den Gärten kreist. Die Zahl der Sperber ist nach dem Zweiten Weltkrieg durch den Einsatz von Pestiziden wie DDT deutlich zurückgegangen. Nach dem Verbot dieser Chemikalie erlebte die Sperberpopulation glücklicherweise einen Aufschwung, und so ist der herrliche Greifvogel heute vor allem in baumreichen Vororten, Städten und Dörfern wieder ein regelmäßiger Gartengast.

Oben: *Verfolgen Sie einmal den raschen Tiefflug eines jagenden Sperbers.*

Rechts: *Der Sperber ernährt sich hauptsächlich von Sperlingen, Meisen und anderen Kleinvögeln, die er mit seinen scharfen Krallen packt.*

Oben: *Wie bei vielen Raubvögeln ist auch beim Sperber das Männchen kleiner als das Weibchen (rechts); sein Gefieder ist am Rücken unverkennbar blaugrau gefärbt und zeigt an den helleren Bauchseiten und am Bauch orangefarbene Querbänder.*

Turmfalke *Falco tinnunculus* Größe 32 – 36 cm

Der Turmfalke ist auch in Klein- und Großstädten als Brutvogel verbreitet, wo er Jagd auf kleine Nagetiere und Vögel macht. In Gärten brütet er nur selten, ist aber häufig hoch aufsteigend oder im ruhigen Gleitflug zu beobachten.

Turmfalken nisten in hohlen Baumstämmen und nehmen zum Brüten gelegentlich auch speziell konstruierte Nistkästen mit offener Vorderseite an. Manchmal nisten sie auch auf Gebäuden. Ihr Gelege besteht aus drei bis sechs Eiern, die vier Wochen lang bebrütet werden. Die Jungen sind nach vier oder fünf Wochen flügge.

Sein Ruf ist ein schrilles „kliklikli".

Rechts: *Der andauernde Rüttelflug ist die charakteristische Jagdhaltung eines Turmfalken, der nach Beute späht.*

Links: *Der männliche Turmfalke ist etwas schlanker und kleiner als das Weibchen (ganz links). Sein Gefieder ist am Kopf blaugrau gefärbt, der rotbraune Rücken und die hellere Unterseite haben feine dunkle Tropfenflecken. Das Gefieder des Weibchens erscheint einheitlicher gefärbt; die rostbraune Oberseite ist schwarz gebändert, die Unterseite ist ebenfalls gebändert.*

Fasan *Phasianus colchicus* Größe 52 – 90 cm

Die ursprüngliche Heimat des Fasans ist Asien. In Großbritannien ist er der häufigste Jagdvogel. Da viele seiner Artgenossen dort für den Abschuss gezüchtet werden, trifft man ihn in einigen ländlichen Gegenden tatsächlich sehr häufig an. Fasane sind oftmals sehr zutraulich und wagen sich zum Fressen auch in große

Unten rechts: Das Weibchen trägt im Gegensatz zum Männchen ein unauffälliges Gefieder, mit dem es beim Brüten so gut wie unsichtbar ist.

Gärten, wo sie sich manchmal sogar am Futterhaus bedienen. Ihr üblicher Lebensraum sind jedoch Felder und Wälder.

Die Gefieder der einzelnen Tiere weisen große Abweichungen auf; es gibt mitunter sehr dunkel gefärbte Individuen sowie Fasane mit und ohne weißen Halsring.

Wie alle jungen Jagdvögel können auch die Jungfasane sofort nach dem Schlüpfen das Nest verlassen. Dann kann man sie hinter ihrer Mutter nach nahrhaften Bissen suchen sehen.

Oben: Der Fasan bewegt seine Flügel im Flug sehr schnell.

Rechts: Das Fasanenmännchen mit seinem langen Schwanz, dem leuchtend rostbraunen Gefieder und der kennzeichnenden Kopffärbung gehört zu den schönsten Vögeln in unseren Breiten.

Lachmöwe *Larus ridibundus* Größe 35 – 38 cm

Diese Spezies hat sich an das Leben im Binnenland besser angepasst als andere Möwen und ist vor allem im Winter, wenn sie in großen Schwärmen auftritt, inzwischen überall eine vertraute Erscheinung. Die Lachmöwe ist bei weitem die häufigste der Kleinmöwen.

Lachmöwen suchen häufig auch Gärten auf, wo sie sich um das Futter streiten und gegenüber anderen Gartenvögeln ein recht aggressives Verhalten an den Tag legen. Sie können auch sehr viel Lärm machen. Halten Sie Ausschau nach den Jungvögeln, deren Flügel dunkel gezeichnet sind.

Wie viele anpassungsfähige Spezies fressen auch Lachmöwen mehr oder weniger alles, was sich ihnen bietet, vor allem Küchenabfälle und trockenes Brot, das sie im Sturzflug auffangen. Sie brüten in ausgedehnten Kolonien weitab von den Gärten und sind dann in den Frühlings- und Sommermonaten oftmals kaum zu sehen.

Rechts: Schauen Sie sich bei vorüberfliegenden Lachmöwen einmal genau die spitzen Flügel der Altvögel (rechts) und der Jungvögel (links) an.

Rechs: Die Lachmöwe trägt während der Brutzeit eine schokoladenbraune Kopfkappe (unten), von der beim Ruhekleid nur ein dunkler Ohrfleck auf dem ansonsten weißen Kopf bleibt.

Ganz rechts: Das unausgefärbte erste Sommergefieder der Lachmöwe zeigt auf Kopf und Flügeln dunkle Zeichnungen.

Felsentaube *Columba livia* Größe 31 – 34 cm

Die Felsentaube ist ein scheuer Vogel, dessen ursprünglicher Lebensraum die Felswände an Meeresküsten und in Gebirgen sind. Man trifft sie heute überall in den Großstädten Europas, Asiens und Amerikas zu Tausenden als verwildert lebende Haustaube an, die sich ohne züchterischen Eingriff frei fortpflanzt und so nach einigen Generationen wieder ihrer Stammform, der Felsentaube, ähnlich wird. Die verwilderte Haustaube gilt vielerorts als Plage, da sie in großen Schwärmen auftritt und mehrere Bruten im Jahr großzieht. An Futterstellen nimmt sie

rasch einen dominierenden Platz ein. Dennoch verdient sie bei den Vogelbeobachtern etwas mehr Respekt als bisher; vor allem das faszinierende Verhalten der Vögel beim Umwerben der Partnerin lohnt eine aufmerksame Beobachtung.

Links und oben: *Durch Kreuzung haben die züchterisch beeinflussten Nachkommen der Felsentaube, die jetzt zum Teil verwildert leben, eine breite Vielfalt an Farben und Zeichnungen entwickelt.*

Hohltaube *Columba oenas* Größe 32 – 34 cm

Diese oftmals übersehene scheue Verwandte der Ringeltaube ist häufiger als Sie vielleicht meinen. Man findet sie auf dem Land und in Vorstädten oft in Gärten mit gutem Baumbestand, wo ein charakteristischer zweisilbiger Ruf von ihrer Anwesenheit kündet.

Hohltauben sehen oberflächlich betrachtet wie Ringeltauben aus, unterscheiden sich von diesen aber durch ihre geringere Größe, den typischen gelben Schnabel und das fehlende weiße Querband an den Flügeloberseiten. Ein weiteres deutliches Kennzeichen sind die schillernd grünen Halsseiten.

Hohltauben brüten wie auch andere Tauben einen Großteil des Jahres über; das Brutgeschäft beginnt im Februar und dauert bis weit in den Herbst an. Sie können jährlich bis zu fünf Bruten mit jeweils zwei Jungen aufziehen.

Oben: *Hohltauben zeigen im zeitigen Frühjahr ihren charakteristischen Balzflug, bei dem die Pärchen mit klatschenden Flügeln im Kreis umherfliegen.*

Rechts: *Das Gefieder der Hohltauben weist zarte bräunlich weinrote und blaugraue Farbtöne auf und ist feiner als das der Felsentauben.*

Ringeltaube *Columba palumbus* Größe 40 cm

Die Ringeltaube ist die größte europäische Taube. Sie brütet in Wäldern, hat sich allerdings auch an das Leben in den Städten angepasst, wo sie als Futterkonkurrentin der verwildert lebenden Haustaube auftritt. Man findet sie auch in Gärten auf dem Land und am Stadtrand, wo im Sommer ihr unverwechselbares Gurren ertönt.

Ringeltauben sind sehr fruchtbare Brüter; in einem normalen Jahr ziehen sie zwei Bruten auf. Sie ernähren sich von unterschiedlichen Samen und picken oftmals auch vom Futterhaus heruntergefallene Körner auf. Im Winter fressen sie auch Beeren; dabei klettern sie mühsam in den Büschen herum um die saftigsten Früchte zu finden.

Links: Da junge Ringeltauben noch nicht das farbenfreudige Gefieder der Altvögel haben, kann man sie leicht mit Hohltauben verwechseln.

Links: Bei einer fliegenden Ringeltaube sind die weißen Querbänder auf den Flügeln gut zu erkennen.

Oben: Das grau und purpurn gefärbte Gefieder, die weißen Halsflecken und die charakteristischen weißen Querbänder auf den Flügeln machen die Ringeltaube unverwechselbar.

Türkentaube *Streptopelia decaocto* Größe 31 – 33 cm

Die Türkentaube ist häufig als Brutvogel in Gärten und Parkanlagen zu finden, wo sie in Bäumen und Sträuchern reichlich Nistplätze findet. Sie war in Großbritannien bis in die 1950-er Jahre unbekannt; aus einem Pärchen in Norfolk sind inzwischen eine Viertelmillion geworden.

Der unverkennbare, sich wiederholende dreisilbige Ruf der Türkentaube ist häufig zu hören, da diese Spezies wie viele Taubenarten faktisch ganzjährig brütet. Sie zieht in einem einzigen Jahr fünf Bruten mit jeweils zwei Jungen groß.

Unten: Türkentauben sind leicht an ihrem schlanken Körperbau und dem fahlbraunen Gefieder mit dem schwarzen Nackenring zu erkennen.

Links: Türkentauben sind gesellige Tiere. Sie tauchen häufig in Paaren oder kleinen Gruppen in den Gärten auf um an den Futterhäusern und Futtergeräten oder darunter zu fressen.

Rechts: Im Flug erscheint die Türkentaube heller als andere Tauben.

Waldkauz *Strix aluco* Größe 37 – 39 cm

Den heulenden Balzruf des Waldkauzes haben schon viele Menschen gehört, doch nur wenige bekommen den Vogel je zu Gesicht oder können ihn gar beobachten. Lauschen Sie einmal auf sein charakteristisches „kiwitt", das man außerdem von ihm hören kann.

Waldkäuze sind ausgesprochene Standvögel; sie halten sich das ganze Jahr über, selbst in kalten Wintern, in ihrem Brutrevier auf. Sie ernähren sich im Allgemeinen von Mäusen und Wühlmäusen, doch wenn dieses Futter knapp ist, nehmen sie auch mit Amphibien und Kleinvögeln vorlieb.

Waldkäuze nisten in Baum- oder auch Erdhöhlen und sind auf dem Land und in Vorstadtgärten mit altem Baumbestand zu finden. Ihre Gelege bestehen aus zwei bis fünf weißen Eiern, die vier Wochen lang bebrütet werden.

Unten: Der Waldkauz ist nachtaktiv und deshalb bei Tageslicht nur selten zu sehen, es sei denn, Sie haben Glück und entdecken einen schlafenden Vogel.

Rechts: Die jungen Waldkäuze verlassen das Nest häufig schon, wenn sie noch gar nicht flügge sind.

Mauersegler *Apus apus* Größe 16 – 17 cm

Der Mauersegler ist ein außergewöhnlicher Vogel. Stellen Sie sich vor, wie ein junger Mauersegler sein Nest hoch in einem Turm verlässt, den langen Weg nach Afrika zurücklegt, dann im folgenden Jahr zum Brüten wiederkehrt und das alles, ohne jemals zu landen.

Heute noch nicht zu sehen, hört man sie morgen schon durchdringend schreien, als ob sie sich über ihre Rückkehr freuen würden.

Die Mauersegler kehren Anfang Mai in unsere Breiten zurück. Bei ungünstiger Witterung können sie mitunter erst später mit dem Brüten beginnen. Ihre Gelege bestehen aus zwei oder drei weißen Eiern. Auch das Bebrüten und die Aufzucht der Jungen

kann abhängig von der Witterung unterschiedlich lange dauern. Im August verschwinden die Vögel wieder und lassen uns nur die Erinnerung an ihr Aussehen und an ihre Rufe.

Unten: Bei vielen Stadtbewohnern gilt der Mauersegler weit mehr als Anzeichen für Frühling und Sommer als die ländliche Rauchschwalbe.

Links: Mauersegler können nicht gut auf der Erde landen und krallen sich daher an Mauern fest. So bekommt man sie nur selten zu Gesicht. Dafür sind sie viel häufiger am Himmel zu sehen.

107

Grünspecht *Picus viridis* Größe 31 – 33 cm

Der laute, wie schallendes Lachen klingende Ruf des Grünspechts ist oftmals das erste Anzeichen dafür, dass dieser schöne Vogel Ihrem Garten einen Besuch abstattet. Auf einer ausgedehnten Rasenfläche bekommen Sie das scheue Tier dann vielleicht zu sehen.

Der Grünspecht ernährt sich hauptsächlich von Ameisen, die er vom Boden aufpickt. Er brütet in lichten Wäldern, wo sein Klopfen allerdings nur gelegentlich zu hören ist. Wie alle Spechte nistet auch der Grünspecht in Baumhöhlen, die er mit seinem starken Schnabel selbst zimmert. Seine Gelege bestehen aus fünf bis sieben weißen Eiern.

Links: *Auf einer großen Rasenfläche im Garten bekommen Sie den scheuen Grünspecht vielleicht am ehesten zu Gesicht. Hier ist ein Jungvogel zu sehen.*

Oben: *Der Grünspecht ist leicht an seinem gelbgrünen Gefieder, dem roten Scheitel und der charakteristischen steifen Haltung zu erkennen.*

Buntspecht *Dendrocopos major* Größe 22 – 23 cm

Die bekannteste Spechtart, der Buntspecht, kommt regelmäßig in Gärten, in denen alte Bäume stehen oder die in der Nähe von Parks oder Waldgebieten liegen. Oftmals ist das erste Anzeichen für die Anwesenheit des Vogels ein helles, lautes „tschik", worauf der Vogel mit seinem unverkennbaren Äußeren selbst erscheint; er kommt entweder in wellenförmigem Flug daher oder sitzt aufrecht an einem Baumstamm.

Wenn Sie das Klopfen eines Spechts hören, dann stammt das Geräusch höchstwahrscheinlich von einem Buntspecht. Er lockt damit eine Partnerin an und macht auf das Bestehen seines Reviers aufmerksam.

Buntspechte ernähren sich vor allem von Insekten, die sie mit dem Schnabel aus der Rinde der Bäume herausholen.

Links: *Im Flug zeigt der Buntspecht die typischen ovalen Flecken auf seinen Flügeln.*

Oben und rechts: *Buntspechte unterscheiden sich von dem viel selteneren Kleinspecht durch ihre Größe (etwa starengroß), die weißen Flecken auf den Flügeln und die rote Unterschwanzdecke. Die Vögel nisten in Baumhöhlen, die sie sich mit ihrem starken Schnabel selbst zurechtzimmern.*

108

Rauchschwalbe *Hirundo rustica* Größe 19 – 22 cm

Unseren beliebten Sommergast kann man wohl zu Recht den heldenhaftesten Reisenden unter den Vögeln nennen. Die Rauchschwalbe bewältigt auf ihrem Zug von den Brutgebieten in Europa bis in ihr Winterquartier in Afrika und zurück eine Strecke von rund 16 000 Kilometern.

Oben: Rauchschwalben jagen wie ihre Verwandten im Flug nach Insekten. Das ist an schönen Sommerabenden besonders gut zu beobachten.

Im Sommer sind Rauchschwalben in den ländlichen Gegenden ein ganz vertrauter Anblick. Sie nisten oftmals in Scheunen, sind jedoch auch in größeren Gärten anzutreffen.

Ist das Brutgeschäft beendet, sammeln sich die Rauchschwalben im Frühherbst auf den Telegrafenleitungen um sich auf ihre lange Reise in den Süden vorzubereiten. Sie ziehen meistens im September und kehren im darauffolgenden April zurück.

Links: Die Rauchschwalbe ist durch den langen gegabelten Schwanz, die mit der hellen Unterseite kontrastierende dunkelblaue Oberseite und die ziegelrote Kehle von der Mehl- und der Uferschwalbe sowie vom Mauersegler (der kein Verwandter der Schwalben ist) leicht zu unterscheiden. Im Flug stößt sie eine Reihe von Zwitschertönen aus.

Mehlschwalbe *Delichon urbica* Größe 12 cm

Die Mehlschwalbe baut ihr Nest dicht unter dem Dachgesims von Gebäuden, die entfernt an ihren ursprünglichen Lebensraum – Höhlen und Felswände – erinnern.

Mehlschwalben haben einen kompakten, hübschen Körperbau. Ihr Gefieder ist an der Oberseite blauschwarz, am Bürzel und an der im Flug sichtbaren Unterseite weiß. Die Mehlschwalben kehren im April aus ihren afrikanischen Überwinterungsgebieten zurück und beginnen dann auch bald mit dem Nestbau. Das Nest besteht aus winzigen Schlammkugeln, die von Fluss- und Teichufern sowie von Pfützenrändern gesammelt werden. Die Mehlschwalben verlassen ihre Brutgebiete im September oder Anfang Oktober wieder.

Links: Dort, wo die Mehlschwalben keinen Schlamm finden, kann der Mensch mit künstlichen Nistgelegenheiten aushelfen.

Oben: Mehlschwalben sind im Sommer in vielen Städten ein gewohnter Anblick.

Bachstelze *Motacilla alba* Größe 18 cm

Dieser hübsche und anmutige kleine Vogel ist in vielen Gärten ein vertrauter Gast, den man häufig über den Rasen hüpfen und dabei winzige Insekten aufpicken sieht. Typisch ist sein zweisilbiger Ruf.

Im Herbst und im Winter verhalten sich die Bachstelze zuweilen gesellig, vor allem in den Abendstunden, wenn sie sich mit bis zu hundert Individuen an einem Schlafplatz versammeln. Die Bachstelze baut ihr Nest in Mauerspalten oder -löchern und legt bis zu sechs Eier, aus denen nach nur etwa elf Tagen die Jungen

schlüpfen. Da die Jungen auch schon nach kurzer Zeit (manchmal nach knapp zwei Wochen) flügge sind, können die Altvögel eine zweite oder sogar dritte Jahresbrut großziehen.

Links: *Die Trauerbachstelze ist an ihrem hübschen schwarzweißen Gefieder und dem langen wippenden Schwanz leicht zu erkennen. Das kontrastreichere Gefieder der Männchen sieht schmucker aus als das der Weibchen aus.*

Oben: *Die Bachstelze (oben) unterscheidet sich von der in Großbritannien und Irland vorkommenden Trauerbachstelze (M.alba yarrellii) durch ihren viel helleren Rücken, der mit dem schwarzen Kopf und Hals kontrastiert.*

Zaunkönig *Troglodytes troglodytes* Größe 9 – 10 cm

Der winzige Zaunkönig ist ein häufiger Brutvogel in Waldgebieten mit dichtem Unterholz. Er ist in vielen Gärten anzutreffen, wo man ihn wahrscheinlich mehr zu Gehör als zu Gesicht bekommt. Auf der Suche nach Nahrung huscht er in Steingärten, unter Bäumen und Büschen umher und pickt dabei winzige Insekten auf. Sein Nest baut der Zaunkönig in der Regel in Bodennähe und gut im dichten Unterwuchs versteckt, wo er seine Jungen ohne Störungen durch Räuber aufziehen kann.

Im Sommer verteidigen Zaunkönige ihr Revier gegen andere Vögel, zeigen sich im Winter aber etwas geselliger und nächtigen oftmals zusammen mit Artgenossen in einem Nistkasten.

Rechts: *Der Gesang des Zaunkönigs, eine rasche Aufeinanderfolge von Tönen mit einem Roller – ist für einen so kleinen Vogel unglaublich laut.*

Links: *Der Flug der Zaunkönige ähnelt einem schnellen Dahinhuschen über kurze Stecken und in geringer Höhe.*

Links: *Da der Zaunkönig so klein ist und ständig an verborgenen Stellen umherhuscht, bekommt man ihn manchmal nur schwer zu sehen.*

Heckenbraunelle *Prunella modularis* Größe 14 cm

Die versteckt lebende Heckenbraunelle ist scheu und wird oftmals übersehen, da sie ihr Futter zwischen herabgefallenen Blättern unter Sträuchern oder Bäumen sucht.

Die Heckenbraunelle baut ihr Nest im dichten Unterwuchs, teils um sich vor dem brutschmarotzenden Kuckuck zu schützen. Sie legt vier bis sechs grünblaue Eier und zieht im Jahr zwei oder drei Bruten groß. Heckenbraunellen sind am ehesten im zeitigen Frühjahr auszumachen, wenn die Männchen von einem Busch oder Baum aus ihr seltsam unauffälliges Lied ertönen lassen.

Unten: Auf den ersten Blick mögen Heckenbraunellen ziemlich langweilig erscheinen, doch in Wirklichkeit haben sie ein sehr fein gezeichnetes, reizvolles Gefieder und ein aufregendes Sexualleben. Beobachten Sie einmal ein Männchen, das das Weibchen eines Rivalen umwirbt. Oftmals bewacht das Männchen seine Partnerin um jegliches Techtelmechtel zu verhindern.

Unten: Junge Heckenbraunellen haben ein noch weniger buntes Gefieder als die Altvögel. Ihr Kopf ist dunkel gestreift.

Rotkehlchen *Erithacus rubecula* Größe 14 cm

Die Rotkehlchen mit ihrem roten Brust- und Wangengefieder, die Lieblingsvögel der Briten, sind bekannt für ihre Zutraulichkeit. Gräbt ein Gärtner seine Beete um, leisten ihm häufig Rotkehlchen Gesellschaft, die aus den frisch aufgeworfenen Erdschollen Regenwürmer und Larven herauspicken. Dennoch sind diese Tiere in ihrem ursprünglichen Verbreitungsgebiet in Europa scheue Waldvögel, die sich dem Menschen nicht anschließen.

Rotkehlchen sind kampflustige Vögel; gelegentlich lassen Männchen bei Revierstreitigkeiten nicht eher locker, als bis einer der Konkurrenten tot ist.

Links: Im Unterschied zu allen anderen Singvögeln lässt das Rotkehlchen sein Lied das ganze Jahr über ertönen, da Männchen wie Weibchen ihr Revier auch außerhalb der Brutzeit verteidigen.

Links: Das Gefieder der Jungvögel ist braun und hat gelbbraune Flecken.

Rechts: Männliche und weibliche Rotkehlchen haben das gleiche orangerote Brustgefieder, von dem auch der Artname hergeleitet ist.

Amsel *Turdus merula* Größe 24 – 25 cm

Die Amsel, einer unserer bekanntesten und am weitesten verbreiteten Gartenvögel, ist dank des reizvollen Äußeren, der Lebensweise und des schönen Gesangs des Männchens ein gleichbleibend beliebter Gartengast.

Amseln brüten zeitig; sie beginnen häufig schon Ende Januar oder im Februar zu singen und bauen im März ihre Nester. Sie gehören zu den fruchtbarsten Gartenbrütern, denn sie ziehen bis zu fünf Jahresbruten mit jeweils drei bis fünf Jungen auf.

Wenn Sie Amseln in Ihren Garten locken möchten, pflanzen Sie viele Klettergewächse wie Waldrebe und Efeu und legen Sie im Winter Äpfel aus, denn Amseln mögen diese Früchte.

Rechts: *Amselweibchen fallen viel weniger auf als ihre Partner, denn ihnen fehlt der gelbe Schnabel und sie tragen ein braunes Gefieder, das beim Brüten eine gute Tarnung ist.*

Links: *Wie andere Drosselvögel lässt auch das Amselmännchen sein Lied oftmals von einem Baumwipfel, einem Dach oder einem anderen erhöhten Platz aus erklingen.*

Wacholderdrossel *Turdus pilaris* Größe 25 – 26 cm

Diese hübschen Drosseln brüten in großer Zahl in Nordeuropa. Mehrere Millionen dieser Vögel verbringen den Winter in Großbritannien, Irland und weiter südlich. Sie halten sich zur Nahrungssuche meistens im offenen Gelände auf. Im Spätwinter, und dann besonders bei starken Kälteeinbrüchen, kommen sie auf der Suche nach Futter auch in die Gärten. Wie andere Mitglieder der Drosselfamilie hat auch die Wacholderdrossel eine besondere Vorliebe für Beeren.

Wacholderdrosseln treffen im Allgemeinen im Oktober oder November bei uns ein und ziehen dann ab März wieder gen Norden. Einige Nachzügler bleiben sogar bis April hier.

Oben: *Wacholderdrosseln fliegen häufig in Gruppen, gelegentlich auch zusammen mit Rotdrosseln, die ebenfalls zur Familie der Drosseln gehören.*

Links: *Die Wacholderdrossel unterscheidet sich von anderen Drosseln durch ihre Größe (sie ist fast so groß wie die Misteldrossel), und durch ihr farbenfrohes Gefieder. Kopf und Bürzel sind bei ihr grau, der Rücken ist rostbraun, die gelbbraune Brust und der helle Bauch sind schwarz gefleckt.*

Singdrossel *Turdus philomelos* Größe 23 cm

Die Singdrossel gehört zu den beliebtesten und bekanntesten Vögeln, was wohl vor allem auf ihren volltönenden und lauten Gesang zurückzuführen ist. Singdrosseln tragen ihr Lied mitunter auch nachts vor.

In den letzten Jahren erlebten die Singdrosseln einen rätselhaften und raschen Rückgang, der vielleicht die Folge eines durch Pestizideinsatz hervorgerufenen Futtermangels ist.

Singdrosseln werden häufig mit ihren größeren Verwandten, den Misteldrosseln, verwechselt, haben aber eigentlich ein unverkennbares Äußeres; sie sind kleiner und wendiger, haben eine sattbraune Oberseite und eine helle gelbbraune Unterseite mit herzförmigen Flecken.

Das Nest der Singdrossel ist napfförmig und innen mit eingespeicheltem Holzmulm verschmiert. Das Gelege besteht aus drei bis fünf himmelblauen Eiern mit leichten schwarzen Flecken. Im Winter ziehen viele Singdrosseln in Europa etwas weiter nach Süden um dem in der nördlichen Kälte auftretenden Nahrungsmangel zu entgehen.

Rechts: Das Lied der Singdrossel ist eine typische Wiederholung von Tönen und Motiven und wird häufig von einem erhöhten Platz wie etwa einem Hausdach vorgetragen.

Unten: Singdrosseln ernähren sich hauptsächlich von Würmern sowie von Schnecken, deren Gehäuse sie an einem Stein aufschlagen um an den Inhalt heranzukommen.

Rotdrossel *Turdus iliacus* Größe 21 cm

Die ersten Rotdrosseln treffen bei uns im Oktober und November ein, sind in den Gärten mitunter aber nicht vor dem neuen Jahr zu sehen, wenn ein starker Kälteeinbruch mit Schnee und Eis sie zwingt sich nach anderen Futterquellen umzusehen.

Genau betrachtet hat die Rotdrossel ein ganz charakteristisches Äußeres; sie ist kleiner und dunkler als die Singdrossel, hat einen hellen Augenstreif, eine dicht gestreifte Brust und an den Körperseiten (nicht am Flügel!) einen warm orangeroten Fleck, der dieser Vogelart den Namen gibt.

Da Rotdrosseln sehr unter lang anhaltender strenger Winterwitterung leiden, sind die Gärten wahre Oasen für sie, besonders dann, wenn darin reichlich Beeren tragende Büsche stehen. Rotdrosseln ziehen wie die Wacholderdrosseln im März und April nach Norden in ihre Brutgebiete zurück.

Unten: Rotdrosseln mögen Früchte wie z. B. Fallobst und Beeren.

Links: Rotdrosseln kommen aus Nordeuropa und Russland in großer Zahl als Wintergäste zu uns.

Misteldrossel *Turdus viscivorus* Größe 27 cm

Die Misteldrossel ist die größte einheimische Drosselart; sie erreicht fast die Größe einer kleinen Taube. Der Name rührt von der angeblichen Vorliebe dieser Drosseln für Mistelbeeren her, doch die Vögel fressen besonders im Winter fast jede Beerenart.

Die Misteldrossel, die häufig in großen Parks und offenen Waldgebieten brütet, baut ihr Nest auch in Gärten mit altem Baumbestand, wie man sie wahrscheinlich eher in ländlichen Gegenden findet.

Das Lied der Misteldrossel erinnert an die Motivwiederholungen der Singdrossel und an die Flötentöne der Amsel.

Oben: *Die Misteldrossel steht in dem Ruf vor Gewittern und auch mitten im Gewitter zu singen.*

Oben: *Wie andere Drosselarten hat auch die Misteldrossel eine Vorliebe für Würmer.*

Oben: *Misteldrosseln unterscheiden sich von Singdrosseln durch ihren viel größeren Körper, die allgemein hellere Färbung und die weißlichen Spitzen an den äußeren Schwanzfedern. Ihr Gefieder ist im Unterschied zu dem der Wacholderdrosseln viel weniger farbenfroh.*

Gartengrasmücke *Sylvia borin* Größe 14 cm

Die Gartengrasmücke, eine der am wenigsten bekannten Grasmückenarten, trägt eigentlich den falschen Namen. Sie taucht zwar gelegentlich in Gärten auf (vor allem dort, wo es reichlich Bäume gibt), ist aber eher in offenem Waldland anzutreffen.

Der Gartengrasmücke hat eigentlich kein typisches Bestimmungsmerkmal aufzuweisen. Sie ist an ihrem eintönig graubraunen Federkleid, den großen glänzenden Knopfaugen und auch

daran zu erkennen, dass sie größer als der Zilpzalp oder der Fitis ist (der im Unterschied zu ihr ein grünliches Gefieder hat).

Gartengrasmücken treffen bei uns Anfang Mai zum Brüten ein und ziehen nach der Brutsaison Ende August wieder nach Afrika.

Oben: *Die Gartengrasmücke zeichnet sich durch einen reizvollen Gesang aus, der wie eine schnellere Version des Liedes der Mönchsgrasmücke klingt.*

Links: *Die Gartengrasmücke ist eine so genannte „Zwillingsspezies" der viel häufigeren Mönchsgrasmücke. Sie hat anstelle der braunen oder schwarzen Kopfkappe der nahen Verwandten ein schmuckloses Kopfgefieder.*

Mönchsgrasmücke *Sylvia atricapilla* Größe 14 cm

Die Männchen dieser Spezies tragen eine schwarze, die Weibchen eine braune Kopfkappe. Der Rest des Gefieders ist bräunlich grau, was zu Verwechslungen mit der Sumpfmeise führen kann, die ebenfalls eine schwarze Kappe aufzuweisen hat. Die Mönchsgrasmücke ist jedoch viel größer und gehört ihrem Äußeren nach eindeutig zur Familie der Grasmücken. Mönchsgrasmücken erscheinen besonders in der Herbst- und Winterzeit in den Gärten Großbritanniens heute viel häufiger als früher. Die Wintergäste gehören jedoch nicht zu jener Population, die auch auf den Inseln brütet. Sie kommen vielmehr aus Mitteleuropa und ziehen zum Überwintern seit kurzem nicht mehr nach Spanien und Nordafrika, sondern westwärts nach Großbritannien, in dessen Gärten sie reichlich Futter finden.

Links: Der Bestand der Mönchsgrasmücken hat sich in jüngster Zeit vergrößert, und so bekommt man den bereits Ende März oder Anfang April erklingenden volltönenden, flötenden Gesang heute öfter zu hören.

Oben: Die Männchen dieser großen Grasmückenart mit ihrem charakteristischen Äußeren haben eine schwarze, die Weibchen eine schokoladenbraune Kopfkappe.

Zilpzalp *Phylloscopus collybita* Größe 11 cm

Der Zilpzalp gehört wie der Kuckuck zu jenen Vögeln, deren Name von ihrem charakteristischen Ruf abgeleitet wurde. Er ist eng verwandt mit dem Fitis, dem er auch äußerlich ähnelt, von dem er aber durch seinen sehr gut erkennbaren Gesang leicht unterschieden werden kann.

Der Zilpzalp verbringt den Winter auf der Iberischen Halbinsel oder in Nordafrika und kehrt im März in sein Brutgebiet zurück. In jüngerer Zeit wurden in Großbritannien, vor allem im Süden und Westen, auch überwinternde Vögel dieser Spezies gesehen. Gibt es in Ihrem Garten oder zumindest in der Nähe einen Teich oder ein anderes Gewässer, ist es durchaus möglich, dass Sie einen Zilpzalp zu Gesicht bekommen, denn das Wasser lockt Insekten an, von denen sich der Zilpzalp ernährt.

Links: Der Zilpzalp, ein Laubsänger, ähnelt stark seinem Verwandten, dem Fitis, hat jedoch eine etwas dunklere und trübere Gefiederfarbe und dunkle Füße.

Rechts: In Großbritannien hat man in den letzten Jahren eine zunehmende Zahl überwinternder Zilpzalpe beobachtet, die auf der Futtersuche häufig auch in die Gärten kamen.

Fitis *Phylloscopus trochilus* Größe 11 cm

Viele Menschen entdecken überrascht, dass dieser kleine, unauffällige Vogel eigentlich der häufigste Sommergast ist, von dem beispielsweise in Großbritannien jedes Jahr mehr als zwei Millionen Pärchen brüten. In Gärten trifft man ihn nicht besonders oft an, denn er nistet bevorzugt an Wald- und Heiderändern. Besitzen Sie jedoch ein Grundstück auf dem Land, das in der Nähe dieser Lebensräume liegt, lohnt es durchaus zu horchen, ob irgendwo der Gesang des Fitis, eine silberhelle, langsam abfallende Kaskade voller Melancholie, ertönt.

Die Fitisse treffen ab Mitte April in ihrem Brutgebiet ein. Nach dem Ende der Brutzeit und noch vor dem Zug in den Süden kann man beobachten, wie sie auf der Suche nach Futter in Familienverbänden in den Gärten auftauchen. Dabei sind die Jungvögel deutlich auszumachen, denn ihr Gefieder weist viel mehr Gelb auf als das der Altvögel. Äußerlich ähnelt der Fitis stark dem Zilpzalp, doch der Gesang dieser beiden Arten klingt ganz und gar unterschiedlich.

Links und oben: *Das Lied des Fitis, das voller Schönheit und Melancholie ist, gehört zu den lieblichsten Gesängen, die unsere gefiederten Sommergäste erklingen lassen. Bei seinem Gesang sitzt der Fitis oftmals auf einem der äußeren Zweige eines Busches oder eines Baumes.*

Wintergoldhähnchen *Regulus regulus* Größe 9 cm

Diese winzigen Vögel haben eine Körpermasse von nur fünf Gramm. Wintergoldhähnchen überwintern zum Teil in ihren Brutgebieten. Sie ernähren sich von kleinen Insekten und anderen wirbellosen Tieren, die sie von der Rinde und den Zweigen der Bäume abpicken.

Wintergoldhähnchen sind gesellige Wesen, und man sieht sie auch zusammen mit anderen Insekten fressenden Arten wie beispielsweise Meisen umherfliegen. Oftmals kann man die Vögel schon an ihrem dünnen, hohen Gesang ausmachen (der, wenn sie ihn erst kennen, ganz charakteristisch klingt), ehe sie überhaupt zu sehen sind.

Im Frühjahr bauen die Wintergoldhähnchen in dichtem Laub, meistens in einem immergrünen Busch oder Baum, ihr Nest; die Anwesenheit dieser gefiederten Gäste entdeckt man oft aber erst dann, wenn die Altvögel auf der Suche nach Futter für ihre Jungen unermüdlich hin- und herfliegen.

Oben: *Wintergoldhähnchen sammeln im Rüttelflug winzige Insekten von den äußeren Blättern der Gehölze ab.*

Links: *Hat man das Wintergoldhähnchen erst einmal zu Gesicht bekommen, kann man es leicht am goldgelben Scheitel erkennen, der dieser Vogelart den Namen gegeben hat.*

Rechts: *Das Wintergoldhähnchen zählt neben seinem nahen Verwandten, dem Sommergoldhähnchen, zu den kleinsten europäischen Singvögeln.*

Grauschnäpper *Muscicapa striata* Größe 14 cm

Grauschnäpper gehören zu den Sommergästen, die am spätesten aus Afrika zurückkehren; sie treffen oftmals erst Mitte oder gar Ende Mai bei uns ein und ziehen im August oder Anfang September wieder in ihre Winterquartiere davon. Sie mögen sonnige ländliche Gärten, vor allem Grundstücke mit alten Mauern, in deren Nischen und Rissen sie ihre Nester bauen können.

Wie andere Zugvögel, die südlich der Sahara überwintern, ist auch die Art der Grauschnäpper anfällig gegen Klimaveränderungen und erleidet starke Verluste, wenn die globale Erwärmung zu Trockenheiten in Afrika führt.

Links und unten: *Der Grauschnäpper sieht auf den ersten Blick wie eine Grasmücke aus; sein Gefieder ist oberseits graubraun, an der Unterseite heller und zeigt dort sowie auf dem Oberkopf blasse Längsstriche. Er hat einen schmalen, dunklen Schnabel und schwarze glänzende Knopfaugen.*

Oben: *Der Grauschnäpper ist am einfachsten an seiner Gewohnheit zu erkennen, sich von einer erhöhten Warte aus in die Luft zu schwingen, im Flug ein Insekt zu erhaschen und sich dann (meistens) wieder auf derselben Stelle niederzulassen um die Beute zu verschlucken.*

Schwanzmeise *Aegithalos caudatus* Größe 12 – 14 cm

Die Schwanzmeise gehört zwar nicht zur Familie der Meisen, doch sie fliegt wie diese im Herbst und Winter auf der Suche nach Futter ebenfalls in lockeren Trupps umher. Die langschwänzigen Vögel kündigen ihre Ankunft mit einer Reihe dünner hoher Rufe an, turnen dann in den Büschen und Bäumen geschickt von Zweig zu Zweig und sammeln dabei winzige Insekten auf, ehe sie sich wieder auf den Weg in einen anderen Garten machen.

Das Gelege der Schwanzmeise besteht aus bis zu einem Dutzend winziger Eier, aus denen nach etwa zwei Wochen die Jungen schlüpfen. Die Küken verbringen weitere zwei Wochen im Nest, das sich fast immer in einem dornigen Busch befindet, und bleiben dann noch lange, nachdem sie flügge geworden sind, mit den Altvögeln in einem Familienverband zusammen.

Die Zahl der Schwanzmeisen ist in den letzten Jahren dank einiger milder Winter gestiegen.

Rechts: *Schwanzmeisen fliegen meistens in Trupps, die oftmals ganze Familienverbände von Vögeln umfassen.*

Oben: *Dieser entzückende kleine Vogel gehört zu den Favoriten eines jeden Liebhabers von Gartenvögeln.*

Rechts: *Schwanzmeisen brüten auch in manchen Gärten. Ihre außergewöhnlichen fassförmigen Nester – wahre Kunstwerke – bauen sie aus Spinnweben, Flechten und Federn.*

Sumpfmeise *Parus palustris* Größe 11 cm

Die Sumpfmeise war einst ein regelmäßiger Gartengast, vor allem in Gärten, die in der Nähe feuchter Waldgebiete lagen. In den letzten Jahren ist die Anzahl der Sumpfmeisen zurückgegangen, und so ist dieser Vogel heute vielleicht seltener zu sehen als früher. Dennoch findet man ihn in ländlichen Gärten, und er kommt auch häufig ans Futterhaus und an die Futtergeräte mit Erdnüssen und Sämereien.

Noch vor hundert Jahren hielt man die Sumpfmeise und ihre nahe Verwandte, die Weidenmeise, für Angehörige ein und derselben Spezies, die den Namen Graumeise trug. Trotz der großen Ähnlichkeit der beiden Arten gibt es bezüglich des Äußeren und der Stimme klare Unterscheidungsmerkmale.

Links und unten: *Die Sumpfmeise hat einen weniger kräftigen Körper, einen kleineren Kopf und eine stärker glänzende Kopfkappe als die Weidenmeise. Außerdem fehlt bei ihr das helle Flügelfeld.*

Links: *Sumpfmeisen nisten gern in Baumhöhlen und nutzen dazu oftmals auch alte Spechthöhlen.*

Links: *So tadellos sieht das Gefieder der Sumpfmeise nur in den ersten Monaten des Jahres aus.*

Tannenmeise *Parus ater* Größe 11 cm

Im Federkleid der Tannenmeise fehlen die leuchtenden Blau-, Gelb- und Grüntöne, die wir bei ihren häufiger auftretenden Verwandten, der Blau- und der Kohlmeise, sehen. Mit ihrem Gefieder in Braun, Schwarz, Weiß und Gelbbraun sieht die Tannenmeise dennoch schmuck und reizvoll aus. Sie erscheint regelmäßig in Gärten, wobei sie jene in der Nähe von Nadelwald bevorzugt, denn diese Spezies brütet meistens in Nadelwäldern. Tannenmeisen suchen häufig Futtergeräte mit Erdnüssen und Sämereien auf, an denen sie mit großer Behändigkeit herumturnen.

Die Brutzeit der Tannenmeise beginnt im April. Oftmals nisten die Vögel zwischen den Wurzeln von Baumstümpfen. Sie legen bis zu neun Eier. Die Jungen schlüpfen nach etwa zwei Wochen und sind dann nach zwei oder drei Wochen flügge. Diese Meisenart zieht nur eine Jahresbrut groß.

Rechts: *Der charakteristische weiße Nackenfleck der Tannenmeisen ist deutlich zu sehen, wenn die Vögel fressen.*

Links: *Junge Tannenmeisen haben ein matter gefärbtes Gefieder als die Altvögel.*

Links: *Flüchtig betrachtet ähneln Tannen- und Weidenmeise einander stark. Die Tannenmeise ist jedoch kleiner und hat einen kompakteren Körperbau.*

Blaumeise *Parus caeruleus* Größe 11 cm

Die Blaumeise, eine der bekanntesten und beliebtesten Gartenvögel, ist praktisch in jedem Garten des Landes zu finden. Blaumeisen fressen in der Regel gern Erdnüsse, aus denen sie sich Bissen um Bissen herauspicken, während sie nach ständig lauernden Gefahren – Katzen oder Sperbern – Ausschau halten.

Die Blaumeise hat die in der Familie der Meisen üblichen weißen Wangen, ihre Unterseite ist hellgelb und zeigt (mehr als Andeutung) einen dunklen Längsstreifen am Bauch, der nicht so auffallend ist wie bei der Kohlmeise. Sie ist neben der Tannenmeise der kleinste Meisenvogel.

Unten: *Junge Blaumeisen haben im Unterschied zu den Altvögeln gelbe Wangen.*

Links: *Blaumeisen sind sehr anpassungsfähig. Sie haben beispielsweise gelernt, dass man den Foliedeckel einer Milchflasche aufpicken muss, wenn man an den Inhalt herankommen will. Auch an Nistkästen haben sie sich sehr gut gewöhnt.*

Rechts: *Von ihren Verwandten kann man die Blaumeise leicht unterscheiden, denn nur bei dieser Meisenart ist das Gefieder auf dem Scheitel, im Nacken, an den Flügeln und am Schwanz blau gefärbt.*

Kohlmeise *Parus major* Größe 13 – 15 cm

Die Kohlmeise hat etwa die Größe und Körpermasse eines Haussperlings.

Wie ihre kleinere Verwandte, die Blaumeise, erscheint auch die Kohlmeise häufig und regelmäßig in den Gärten, wo sie meistens an den mit Erdnüssen und Sämereien gefüllten Futtergeräten herumturnt. Horchen Sie im Frühling einmal auf ihren charakteristischen, bekannten dreisilbigen Ruf „zizibä, zizibä".

Kohlmeisen nehmen zum Brüten bereitwillig Nistkästen an, deren Einflugloch allerdings einen Durchmesser von mindestens 28 Millimetern haben muss. Ihre Gelege bestehen aus bis zu elf Eiern, die elf bis fünfzehn Tage lang bebrütet werden. Die Jungen werden hauptsächlich mit Raupen gefüttert. Sie sind nach drei Wochen flügge.

Unten: *Die Altvögel sind leicht an der hübschen schwarzen Kopfkappe und der daran anschließenden schwarzen Kehle, an der gelben Unterseite mit dem breiten schwarzen Mittelstreif, den weißen Wangen und der olivgrünen Oberseite zu erkennen.*

Links: *Junge Kohlmeisen haben gelbe Wangen. Der schwarze Mittelstreif am Bauch ist bei ihnen weniger stark ausgeprägt als bei den Altvögeln.*

Kleiber *Sitta europaea* Größe 14 cm

Der Kleiber hat eine für Vögel ungewöhnliche Eigenschaft: Er bewegt sich rutschend an Baumstämmen empor, und kann auch kopfüber wieder daran herabklettern. Ausschau nach einem Futter suchenden Kleiber zu halten lohnt sich besonders dann, wenn Sie in der Nähe eines Waldgebietes mit altem Baumbestand wohnen oder in Ihrem Garten hohe Laubbäume stehen haben. Kleiber kommen vor allem bei strenger Winterwitterung, wenn ihre natürlichen Nahrungsquellen knapp sind, auch an die mit Erdnüssen gefüllten Futtergeräte.

Rechts: *Kann man den Kleiber von einem günstigen Standort aus gut sehen, ist eine Verwechslung mit anderen Vogelarten eigentlich ausgeschlossen. Das Gefieder ist oberseits stahlblau, an den Unterseiten von kräftigem Orangebraun, das zur Kehle hin heller wird, und zeigt einen schwarzen Augenstreif. Der Schnabel, mit dem der Kleiber Insekten und Nussbröckchen pickt, ist lang und kräftig.*

Links: *Das Flugbild eines Kleibers ähnelt dem eines kleinen kurzschwänzigen Spechts.*

Waldbaumläufer *Certhia familiaris* Größe 12 cm

Der Waldbaumläufer ist eigentlich leicht zu übersehen, doch hat man ihn erst einmal entdeckt, ist er unverkennbar, denn kein anderer Vogel läuft wie er in Spiralen und fast mausähnlich an den Ästen und Baumstämmen empor wie er. Waldbaumläufer sind ausgesprochen sesshafte Vögel, die allerdings bei kalter Witterung auch kurze Strecken vom Wald in die Gärten zurücklegen.

Überraschend bei diesem scheuen Vogel ist der Umstand, dass er auch künstliche Nistgelegenheiten nutzt; diese Baumläuferkästen haben eine seitliche Öffnung und sind äußerlich manchmal sogar den Spalten und Rissen eines Baumstammes nachempfunden, in die der Baumläufer normalerweise sein Nest baut. Das Gelege besteht aus fünf bis sechs braun gefleckten weißen Eiern, die etwa zwei Wochen lang bebrütet werden.

Dem Waldbaumläufer sehr ähnlich ist der Gartenbaumläufer (*C. brachydactyla*), der sich von Ersterem hauptsächlich durch den Gesang und auch durch die kürzere Hinterzehenkralle unterscheidet.

Links: *Baumläufer sammeln mit ihrem spitzen, schmalen Bogenschnabel Insekten von Ästen und Zweigen ab.*

Oben: *Die Baumläufernestlinge werden mit Insekten gefüttert und fliegen dann etwa zwei Wochen nach dem Schlüpfen aus.*

Eichelhäher *Garrulus glandiarus* Größe 34 cm

Oben: *Achten Sie bei einem fliegenden Eichelhäher auf den charakteristischen weißen Bürzel.*

Der Eichelhäher ist anpassungsfähig und intelligent wie auch andere Rabenvögel. Er raubt Eier und Küken aus den Nestern kleiner Vögel und wird daher (zu Unrecht) oftmals für den Rückgang der Zahl der Singvögel verantwortlich gemacht. Bei der Balz und in Erregung sträubt er oftmals sein Scheitelgefieder. Typisch für ihn sind auch die schillernden blauen Flügelzeichen und der auffallende weiße Bürzel, der besonders deutlich bei einem auffliegenden Eichelhäher zu sehen ist.

Der Eichelhäher ist wie die meisten Rabenvögel ein Allesfresser, obwohl seine Hauptnahrung im Winter aus Eicheln besteht, die er im Herbst erntet und dann für später aufhebt. Eichelhäher, die bei uns zu den Standvögeln gehören, treffen hier

im Herbst zuweilen in großen Schwärmen aus dem Norden und Osten ein.

Rechts: *Hat man einen günstigen Beobachtungsplatz, ist ein Eichelhäher leicht zu bestimmen, auch wenn seine Gefiederfarbe je nach Lichtverhältnissen leuchtend rosa bis braun aussehen kann.*

Elster *Pica pica* Größe 44 – 48 cm

Die Elster gilt, je nachdem, wie man zu diesem Vogel steht, entweder als unbarmherzige Räuberin, die für die Dezimierung der Singvogelpopulationen verantwortlich ist, oder als oftmals nicht richtig gewürdigter, sehr reizvoller Vogel.

Die rasch ansteigende Zahl der Elstern und der Rückgang bei einigen unserer bekanntesten Singvögel ist in Wirklichkeit ein zufälliges Zusammentreffen, denn die schwierigeren Lebensbedingungen der Singvögel sind nicht den Elstern anzulasten, sondern den Veränderungen in der Landwirtschaft.

Unten: *Das schwarzweiße Gefieder und der lange abgestufte Schwanz machen die Elster unverwechselbar.*

Elstern sind bei uns ziemlich häufig anzutreffen. Sie fliegen meist in kleinen Trupps und sind an ihrem schackernden Ruf sowie an ihrem kontrastreich gezeichneten Gefieder zu erkennen. Elstern fressen nicht nur Eier und Vogeljunge, sondern auch Küchenreste und Insekten.

Oben: *Viele Menschen bewundern die unleugbare Schönheit der Elster, missbilligen jedoch die Gewohnheit des Vogels die Nester von Singvögeln auszurauben.*

Rechts: *Elstern sieht man meistens in Paaren oder größeren Trupps umherfliegen.*

Dohle *Corvus monedula* Größe 33 cm

Die Dohle ist sicherlich die bezauberndste Art in der Familie der Rabenvögel. Sie tritt im Allgemeinen in Dörfern, in den letzten Jahren jedoch auch in Vororten und kleinen Städten in Erscheinung, wo sie reichlich Nahrung findet. Im Flug erscheint sie viel kleiner und kurzflügeliger als ihre großen Verwandten. Dohlen fliegen häufig in kleinen Trupps umher, wobei sie sich mit ihrem hell klingenden „kjack" verständigen.

Ein Dohlengelege besteht aus vier bis sechs Eiern, aus denen nach zwei oder drei Wochen die Jungen schlüpfen. Die Nestlinge sind nach vier oder fünf Wochen flügge. Dohlen brüten nur einmal im Jahr.

Oben: *Dohlen brüten meistens in Kolonien. Ihre Nester bauen sie aus Zweigen, die sie in der Umgebung aufsammeln, in Mauerlöcher hinein.*

Links: *Die Dohle unterscheidet sich von der Saatkrähe und der Rabenkrähe durch ihren viel kleineren Körper, den kurzen, dicken Schnabel und den kennzeichnenden schiefergrauen Fleck im Nacken und an den Halsseiten.*

Saatkrähe *Corvus frugilegus* Größe 47 cm

Dieser am stärksten mit den ländlichen Gegenden verbundene Rabenvogel ist bekannt dafür, dass er seine Nahrung gern auf Ackerland sucht. Mit Ausnahme dieser ländlichen Gebiete ist die Saatkrähe in den Gärten nicht gerade regelmäßig anzutreffen. Viel häufiger sieht man sie am Himmel dahinfliegen und hört dann ihren charakteristischen Ruf.

Das Nest der Saatkrähe ist grob aus Reisern zusammengebaut. Das Gelege darin besteht aus drei bis sechs braun gefleckten hellblauen Eiern, aus denen bereits nach reichlich zwei Wochen Brutzeit die Jungen schlüpfen. Vier oder fünf Wochen darauf sind die Jungvögel flügge. Beobachten Sie einmal im Herbst, wie sich die Saatkrähen im Spiel überschlagen, was angeblich ein sicheres Anzeichen für eine bevorstehende Schlechtwetterzeit ist.

Unten: *Die Saatkrähe unterscheidet sich von der Rabenkrähe durch ihren kleineren Kopf, den längeren, spitzeren Schnabel und den unbefiederten hellen Fleck an der Schnabelwurzel.*

Links: *Saatkrähen, die in Kolonien nisten, beginnen sehr früh mit dem Brutgeschäft.*

Rechts: *Verglichen mit der Rabenkrähe erscheinen im Flug die Flügel der Saatkrähe länger, sieht ihr Körper weniger kräftig aus.*

Rabenkrähe/Nebelkrähe *Corvus corone* Größe 47 cm

Die häufigste und bekannteste, große Rabenvogelart ist in Europa in zwei Rassen vertreten. In Mittel- und Osteuropa findet man die Nebelkrähe *(C.c. cornix)* und in Westeuropa die bekanntere Rabenkrähe *(C.c. corone)*.

Beide Rassen erscheinen regelmäßig als Gartengäste; sie sind anpassungsfähige Fresser und nehmen mit nahezu jedem Futter vorlieb, das Sie für die Vögel auslegen. Aufgrund ihrer Körpergröße dominieren Sie häufig andere Vogelarten an den Futterstellen und beanspruchen die besten Bissen für sich. Raben- und Nebelkrähen nisten meistens in Bäumen, wo sie aus Zweigen ein unordentliches Nest zusammenbauen.

Unten: Die Rabenkrähe ist der einzige Vogel bei uns, bei dem nicht nur das Gefieder, sondern auch der Schnabel und die Beine schwarz sind. Die Rabenkrähe ist groß, hat einen kräftigen Schnabel und breite Flügel.

Oben: Im Flug erscheinen die Flügel der Rabenkrähen breiter und der Körper kräftiger als bei den Saatkrähen.

Rechts: Die Nebelkrähe sieht äußerlich ganz anders aus als die Rabenkrähe. Ihr Gefieder weist am Rücken und an der Unterseite große graue Flächen auf, die sich vom Schwarz des Kopfes, der Flügel und des Schwanzes abheben.

Star *Sturnus vulgaris* Größe 21 cm

Der Star, einer unserer häufigsten und bekanntesten Gartenvögel, wird häufig zugunsten äußerlich reizvollerer Vögel wie beispielsweise Rotkehlchen oder Amsel ignoriert. Wenn Sie sich diesen Vogel jedoch einmal näher anschauen, werden Sie staunen.

Stare besitzen eine außerordentliche Fähigkeit Laute zu imitieren. Wenn Sie also das Klingeln eines Mobiltelefons oder die Alarmanlage eines Autos hören, prüfen Sie erst einmal, ob nicht etwa der Star, der gerade auf dem Dach Ihres Hauses sitzt, der Urheber dieser Geräusche ist. Der Gesang der Stare besteht aus pfeifenden, schmatzenden und anderen Lauten, die zuweilen wie Maschinengeräusche und damit anders als die Lautäußerungen klingen, die ein Vogel normalerweise vorträgt. Im Herbst ziehen viele Stare aus ihren östlichen Brutgebieten gen Westen und Süden, wo sie überwintern und auf der Suche nach Futter auch in den Gärten erscheinen.

Oben: Stare zeigen besonders dann, wenn sie im Schwarm fressen, faszinierende soziale Gewohnheiten.

Links: Achten Sie im Spätsommer auf die jungen Stare, deren Gefieder braun ist und noch nicht den metallischen Glanz und die hellen Flecken des Federkleides der Eltern hat.

Oben: Das Gefieder der Stare weist eine komplizierte Zeichnung auf; den glänzenden purpurschwarzen Untergrund zieren hellere Flecke.

123

Haussperling *Passer domesticus* Größe 15 cm

Der Haussperling ist sicherlich der bekannteste und dennoch – zumindest unlängst noch – am wenigsten beachtete Gartenvogel. Inzwischen ist aus uns unbekannten Gründen der Bestand in vielen Gegenden zurückgegangen, ist der Vogel aus manchen Gärten sogar verschwunden. Das Problem zeigt sich am deutlichsten in Großstädten wie London, wo Sperlinge heute faktisch eine Seltenheit sind; doch auch in ländlichen Gegenden macht es sich bemerkbar.

Oben: *Der männliche Haussperling sieht viel hübscher aus als das Weibchen mit seinem bescheidenen Gefieder.*

Die männlichen Haussperlinge sehen mit ihrem dunklen Kehllatz und den Zeichnungen am Kopf recht hübsch aus; die Weibchen mit ihrem unauffälligen Gefieder hingegen sind die klassischen „kleinen grauen Mäuse". Die Art lebt sehr gesellig, und häufig nisten auch mehrere Pärchen zusammen. Gibt es in Ihrem Garten noch Sperlinge, dann stellen Sie doch für sie drei oder vier Nistkästen auf, damit die Vögel eine kleine Kolonie bilden können.

Oben: *Das Jugendkleid der Haussperlinge ähnelt dem Gefieder der Weibchen.*

Buchfink *Fringilla coelebs* Größe 15 cm

Der Buchfink gehört zu den bekanntesten einheimischen Vogelarten. Er ist auch ziemlich regelmäßig in vielen Gärten anzutreffen, wo er sein Futter entweder auf dem offenen Rasen sucht oder auch Erdnüsse und Kleinsämereien aus den Futtergeräten frisst. Da das Nahrungsangebot durch die Methoden der modernen Landwirtschaft spärlicher geworden ist, gewinnt die Fütterung im Garten für den Buchfinken zunehmend an Bedeutung.

Buchfinken brüten häufig in Gärten, wo sie ihre Nester in Astgabeln bauen und dann elf bis dreizehn Tage lang ihre drei bis fünf Eier bebrüten. Die Jungen sind zwei Wochen nach dem Schlüpfen flügge.

Rechts: *Das Buchfinkmännchen hat ein sehr hübsches Gefieder mit rosafarbener Brust, weißen Flügelbinden und grünem Bürzel.*

Links: *Das Buchfinkenweibchen hat ein weniger buntes Gefieder, ist vom weiblichen Haussperling aber leicht durch die weißen Flügelbinden und den spitz zulaufenden Schnabel zu unterscheiden.*

Oben: *Im Flug sind bei Weibchen (rechts) wie Männchen die auffallenden weißen Flügelbinden gut zu erkennen.*

Grünling *Carduelis chloris* Größe 15 cm

Grünlinge fressen in unseren Gärten nicht nur gern Sämereien und Erdnüsse, sondern brüten hier auch gern. Ihre Nester bauen sie häufig im dichten Laub immergrüner Gewächse wie beispielsweise Zypressen, wo sie vor Räubern sicher sind.

Grünlinge beginnen mit dem Brutgeschäft ab April. Ihre Gelege bestehen aus drei bis sechs Eiern, aus denen nach zwei Wochen die Küken schlüpfen. Die Jungen verlassen zwei Wochen darauf das Nest und sind dann oftmals noch mehrere Wochen lang in Begleitung der Altvögel an den mit Sämereien und Erdnüssen gefüllten Futtergeräten zu beobachten. Grünlinge ziehen zwei, zuweilen sogar drei Jahresbruten groß.

Links: *Der Grünling ist wahrscheinlich stärker als andere Finkenarten auf die Fütterung durch den Menschen angewiesen.*

Oben: *Ausgewachsene Grünfinken sind leicht zu erkennen, denn es gibt keinen anderen Vogel mit einem einfarbig grünen, streifenlosen Gefieder und gelben Flügelfeldern. Die Gefiederfarben der Weibchen leuchten etwas weniger, während die Jungen braun und längs gestreift sind und mit Haussperlingen oder Zeisigen verwechselt werden können.*

Stieglitz *Carduelis carduelis* Größe 14 cm

Dieser entzückende kleine Fink ist einer unserer Lieblingsvögel im Garten, auch wenn er hier nur sehr selten anzutreffen ist.

Die Altvögel unter den Stieglitzen sind überhaupt nicht zu verkennen, denn kein anderer Vogel hat ein solches Gefieder mit rot-weiß-

schwarzer Kopfzeichnung, schwarzen Flügeln und Schwanzfedern und leuchtend gelben Flügelbinden, die im Flug wie Blitze aufscheinen. Ebenfalls sehr charakteristisch ist der hell klingende Gesang der Stieglitze. Bei den Jungvögeln fehlt die typische rote Kopfzeichnung der Altvögel.

Im Winter ziehen zahlreiche Stieglitze aus ihren Brutgebieten in Großbritannien nach Süden und Westen zu uns auf das Festland, wo sie ein milderes Klima und auch Futter vorfinden. Ihre Stelle nehmen dann Vögel ein, die weiter aus dem Norden und aus dem Osten kommen.

Stieglitze bauen in den Zweigen von Apfelbäumen und anderen Gehölzen zierliche Nester aus Gras. Sie legen vier bis sechs Eier und ziehen zwei oder drei Jahresbruten auf.

Links: *Lassen Sie in Ihrem Garten auch Karden wachsen. Diese Pflanzen bilden im Herbst große Samenstände, aus denen die Stieglitze mit ihren passend geformten Schnäbeln Samen herauspicken.*

Zeisig *Carduelis spinus* Größe 12 cm

Der Zeisig ist vor allem in ländlichen Gegenden mit ausgedehnten Waldflächen für viele Menschen ein bekannter Gartenvogel. Seine Brutgebiete liegen in den nordischen Nadelwäldern.

Zeisige erscheinen im Spätwinter (Februar und März), wenn die Futterknappheit in der Umgebung sie zur Suche nach anderen Nahrungsquellen zwingt, häufig in recht großen Verbänden. Im April ziehen sie wieder nach Norden um dort zu brüten.

Links: Zeisige mögen Erdnüsse und fressen bevorzugt aus roten Futterbehältern, die sie vielleicht an die rötlichen Erlenkätzchen erinnern, die ihre natürliche Nahrung bilden.

Links: Die Zeisigmännchen unterscheiden sich von ihrem größeren Verwandten, dem Grünling, durch die hübsche schwarze Kopfkappe, den schwarzen Kinnfleck und die schwarze Flügelzeichnung.

Rechts: Zeisigweibchen und deren Jungvögel haben ein gestreiftes Gefieder und einen gegabelten Schwanz.

Gimpel *Pyrrhula pyrrhula* Größe 16 cm

Der Gimpel, der in vielen Gärten einst ein regelmäßiger Besucher war, tritt in den letzten Jahren leider seltener auf, was wahrscheinlich auf die Abnahme der natürlichen Nahrungsquellen zurückzuführen ist. Da der Gimpel ein scheuer Vogel ist, hat er sich bislang nicht so bereitwillig an die vom Menschen aufgestellten Futtergeräte gewöhnt wie viele andere Finkenarten.

Gimpel beginnen mit dem Brutgeschäft ab Mai. Das Gelege aus drei bis sechs hellblauen, schwarz gefleckten Eiern wird zwölf bis vierzehn Tage lang bebrütet. Die Jungen sind bereits zwei Wochen nach dem Schlüpfen flügge. Gimpel ernähren sich vorwiegend von Sämereien, die sie mit ihrem kräftigen Schnabel zerdrücken; im Frühling und im Sommer fressen sie Knospen und Blüten von Obstgehölzen, was sie bei Obstbauern allerdings recht unbeliebt macht.

Links: Das Gimpelmännchen mit seiner leuchtend kirschroten Unterseite, der bis über die Augen reichenden schwarzen Kopfkappe und dem kräftigen Schnabel ist unverwechselbar. Die Weibchen ähneln den Männchen, sind unterseits aber bräunlich gefärbt.

Links: Im Flug zeigen Gimpel ihren charakteristischen weißen Bürzel.

Selten erscheinende Arten

Weißstorch *Ciconia ciconia* Größe 110 cm

Der Weißstorch ist von Spanien bis Polen in den Dörfern und Kleinstädten ein vertrauter Anblick.

Ein Storchennest auf dem Dach gilt in vielen Ländern als Glückssymbol, und so bringen die Menschen auf den Dächern ihrer Häuser und Scheunen Wagenräder oder andere geeignete Nestunterlagen an, auf denen Störche ihr Nest bauen können. Hat ein Storchenpaar einmal einen Nistplatz ausgesucht, kehrt es im Folgejahr zum Brüten auch wieder dorthin zurück.

Weißstörche überwintern in Afrika; jedes Jahr im April treffen sie wieder in ihren europäischen Brutgebieten ein. Sie legen vier große weiße Eier, die sie dann vier oder fünf Wochen lang bebrüten.

Oben: Der Weißstorch gehört zu den größten Brutvögeln Europas. Er ernährt sich von vielerlei Beute, zu der neben anderen Lebewesen vor allem Frösche und Kleinsäuger gehören, die er mit seinem langen Schnabel fängt.

Rothuhn *Alectoris rufa* Größe 31 – 35 cm

Rechts: Das Gefieder des Rothuhns zeigt oberseits eine rötlich braune Farbe, eine schwarze Kehlumrandung, die in strahlenförmige Streifen ausläuft, gebänderte Seiten und leuchtend rote Füße.

Das Rothuhn, ein Jagdvogel mit reizvoll gezeichnetem Gefieder, ist vor allem in Südwesteuropa verbreitet. Im 19. Jahrhundert wurde es im südlichen Großbritannien eingeführt, wahrscheinlich, weil es widerstandsfähiger als sein englischer Verwandter war.

Das Rothuhn wird nicht selten für die Jagd gezüchtet und kann daher in seinen Verbreitungsgebieten stellenweise recht häufig vorkommen. Auch wenn es bei weitem kein typischer Gartenvogel ist, erscheint es in ländlichen Gegenden doch regelmäßig in Gärten mit ungemähten Wiesenflächen, in deren hohem Gras es Schutz findet. Die Gelege des Rothuhns sind wie auch bei anderen Jagdvögeln recht groß und bestehen aus bis zu sechzehn Eiern. Diese werden drei oder vier Wochen lang bebrütet. Die Jungen können fast unmittelbar nach dem Schlüpfen schon laufen und drei Wochen danach fliegen. Nach sechzehn Wochen sind sie voll ausgewachsen.

Teichhuhn *Gallinula chloropus* Größe 31 – 35 cm

Das Teichhuhn, eine Rallenart, (und das ihm nah verwandte Blesshuhn) sind mehr als ihre Verwandten an den Lebensraum Wasser gebunden und haben eine Lebensweise entwickelt, die der der Entenvögel ähnlich ist. Die Jungvögel haben ein graubraunes Gefieder und sind weniger bunt gefärbt als die Altvögel.

Teichhühner suchen ihre Nahrung häufig auf offenen Grasflächen und sind daher in bestimmten Gegenden regelmäßige Besucher in Gärten, die an Gewässern liegen, wo die Vögel nisten. Teichhühner bauen Schwimmnester; ihre Gelege bestehen aus fünf bis elf Eiern. Die Küken können fast unmittelbar nach dem Schlüpfen schwimmen, sind dann aber vor allem für Hechte und andere Räuber eine leichte Beute.

Oben: Ausgewachsene Teichhühner sind leicht an ihrem braun und purpurn gefärbten Gefieder, an der gezackten weißen Linie entlang der Seiten und dem rot-gelben Schnabel zu erkennen.

Turteltaube *Streptopelia turtur* Größe 26 – 28 cm

Der sanfte schnurrende Ruf der Turteltaube ertönt bei uns von April an in offenen Wald- und Parklandschaften, wenn die Vögel aus ihren Winterquartieren in Afrika zurück sind. Leider ist die Zahl der Turteltauben in den letzten Jahren zurückgegangen. Großen Anteil daran haben jene Schützen in Südeuropa, die die Tauben mit Schrotflinten zur Strecke bringen, wenn die Tiere auf ihrem Weg nach Afrika den Mittelmeerraum überfliegen.

Die Turteltaube, die kleinste europäische Taube, ist auch gelegentlich in Gärten zu sehen. Der scheue Vogel nistet meistens in Gebüschen, wo er sein Gelege aus einem oder zwei Eiern zwei Wochen lang bebrütet. Turteltauben sind fruchtbare Brutvögel; sie können in einer einzigen kurzen Saison bis zu drei Bruten großziehen.

Oben: *Die Turteltaube ist nicht mit der auf den ersten Blick ähnlichen Türkentaube zu verwechseln, die viel größer und weniger zierlich ist und nicht die feine Gefiederzeichnung der Turteltaube aufweist.*

Halsbandsittich *Psittacula krameri* Größe 38 – 42 cm

Dieser bunte, exotische Papageivogel ist, so ungewöhnlich das auch klingen mag, in Großbritannien lokal begrenzt als wild lebender Vogel anzutreffen. Ende der 1960-er und Anfang der 1970-er Jahre bildeten einige entflogene Exemplare dieses Käfigvogels in Teilen der Londoner Vororte mehrere verwildert lebende Populationen. Die Vögel gediehen trotz der winterlichen Kälte, was sie zum Teil den Futtergaben der Vogelfreunde zu verdanken hatten.

Heute leben in Westlondon mindestens 5 000 Sittiche und andernorts auch einige kleinere Populationen. Der Halsbandsittich gehört inzwischen zur Tierwelt dieser Gegenden. Er mag vielleicht mit anderen Höhlenbrütern wie Star, Hohltaube und Dohle konkurrieren, doch für viele Londoner ist er eine interessante Ergänzung der Vogelfauna.

Oben: *Halsbandsittiche sind laute, gesellige und unmöglich zu übersehende Vögel. Sie zeigen ihre Anwesenheit mit einem hohen Schrei an, den sie beim Vorüberfliegen oder von einer erhöhten Stelle in einem Baum ausstoßen.*

Rechts: *Halsbandsittiche besitzen ein unverwechselbares Äußeres; sie haben ein leuchtend gelbgrünes Gefieder, kurze, schmale Flügel und einen langen Schwanz.*

Kuckuck *Cuculus canorus* Größe 32 – 34 cm

Der Ruf des Kuckucks ist sicherlich der bekannteste Vogelruf, den man in Europa von den gefiederten Sommergästen überhaupt zu Gehör bekommt. Der Vogel selbst ist nur selten zu sehen, und das aus gutem Grund. Er versteckt sich um der unerwünschten Aufmerksamkeit der kleineren Vögel zu entgehen, in deren Nester dieser Brutschmarotzer seine Eier legt.

Der Kuckuck taucht gelegentlich auch in Gärten auf und das vor allem in ländlichen Gegenden, wo er sich die Nester von Heckenbraunellen zur Eiablage aussucht.

Das Kuckucksweibchen legt bis zu 25 Eier, die es einzeln in fremden, aber stets ein und derselben Vogelart zugehörigen Nestern unterbringt. Das Kuckucksjunge schlüpft schon nach elf Tagen und wirft dann die Eier und Küken der „Gastgeber" aus dem Nest. Die arglosen Altvögel füttern den Eindringling, der zwei oder drei Wochen später das Nest verlässt.

Rechts: *Der Kuckuck kehrt Ende April oder Anfang Mai aus seinem Winterquartier in Afrika zurück und ist zu dieser Jahreszeit am ehesten einmal zu sehen.*

Schleiereule *Tyto alba* Größe 33 – 39 cm

Die Schleiereule bekommt man bei Tage wahrscheinlich eher einmal zu Gesicht als den Waldkauz. Die günstigste Zeit dafür ist die Morgen- und die Abenddämmerung, wenn die Eule auf der Jagd nach Wühlmäusen und anderen kleinen Nagetieren ist.

Schleiereulen sind eigentlich keine Gartenvögel, doch auf dem Land wagen sie sich in die Nähe großer Gärten und nisten oft in Scheunen, Kirchtürmen und anderen Gebäuden. Befindet sich Ihr Garten in einer Gegend, in der es Schleiereulen gibt, sollten Sie überlegen, ob Sie nicht einen speziell für Schleiereulen konstruierten Nistkasten aufstellen um diesen schönen Vogel zum Brüten in Ihr Grundstück zu holen.

Das Gelege der Schleiereule besteht aus vier bis sieben Eiern, aus denen nach vier oder fünf Wochen die Jungen schlüpfen. Die Nestlinge sind je nach Nahrungsangebot zwei oder drei Monate später flügge.

Rechts: Schleiereulen erkennt man an ihrem sehr hellen, fast gespenstisch anmutenden Äußeren, dem herzförmigen Gesicht und der Gewohnheit auf der Suche nach Beute in geringer Höhe über offene Landschaften zu fliegen.

Steinkauz *Athene noctua* Größe 21 – 23 cm

Dieser entzückende Vogel ist in Mittel- und Südeuropa, in Nordafrika, Arabien und weiter bis zum Amur heimisch. Vor etwa 100 Jahren kam er auch nach Großbritannien, wo er heute im ländlichen Süden und Osten verbreitet ist.

Der Steinkauz bevorzugt offene Landschaften wie Parks und traditionell als Ackerland genutzte Flächen, wo er Hecken und alte Eichen- und andere Baumbestände vorfindet. Er ernährt sich von verschiedenen kleinen Beutetieren wie Regenwürmern, Käfern und anderem wirbellosen Getier.

Steinkäuze nisten in Mauerlöchern und häufiger noch in Baumhöhlen. Die Weibchen legen drei bis fünf weiße Eier, aus denen nach drei oder vier Wochen die Jungen schlüpfen. Die Küken verlassen das Nest schon nach wenigen Tagen, sind aber erst nach weiteren drei Wochen oder später flugfähig. In der Zwischenzeit werden sie noch von den Altvögeln versorgt.

Links: Steinkäuze ziehen gelegentlich umher und sind vor allem dann, wenn die Jungen das Nest verlassen haben, von Zeit zu Zeit auf dem Land sowie in Vorstädten in den Gärten zu beobachten.

Eisvogel *Alcedo atthis* Größe 16 – 17 cm

Wenn Sie sehr großes Glück haben, wird Ihr Gartenteich vielleicht auch einmal von einem Eisvogel besucht. Zur Identifizierung dieser Art werden Sie wohl kaum ein Bestimmungsbuch benötigen. Das Gefieder des Eisvogels ist an der Oberseite schillernd blaugrün, an der Unterseite leuchtend orangefarben und an der Kehle weiß. Überraschend für die meisten Beobachter ist der kleine Körper des Vogels, denn er ist nur wenig größer als ein Sperling.

Fließt hinter Ihrem Grundstück nicht gerade ein Fluss vorbei, werden Sie kaum das Schauspiel genießen können, das brütende Eisvögel bieten. Die Tiere nisten in sandigen Böschungen und Steilufern. Sie legen je Brut fünf bis sieben Eier und ziehen häufig zwei, manchmal auch drei Jahresbruten groß. Achten Sie einmal darauf, ob Sie nicht ihren Ruf, ein hohes und weithin vernehmbares „tiht-tiht", zu hören bekommen.

Oben und rechts: Bei einem Eisvogel heißt es genau aufpassen, denn dieses Tier ist ein so flinker Jäger, dass man von ihm zuweilen nur ein plötzliches blaues Aufblitzen zu sehen bekommt.

Wiedehopf *Upupa epops* Größe 10 – 11 cm

Der Wiedehopf ist auf dem europäischen Festland eine vertraute Erscheinung, insbesondere dort, wo eine traditionell betriebene Landwirtschaft reichlich Insekten überleben lässt, deren Larven er mit seinem langen, gebogenen Schnabel aus der weichen Erde hervorholt. Seine Anwesenheit verrät er mit dem typischen dumpfen Ruf „hupupup". Der Wiedehopf kehrt im April in sein Brutgebiet zurück und zieht im September wieder in sein Winterquartier. Er brütet im offenen Gelände, meistens in Baum- und Mauerhöhlen. Sein Gelege besteht aus sechs bis sieben grauen, fein punktierten Eiern. Die Jungen schlüpfen nach sechzehn Tagen, verlassen das Nest nach etwa vier Wochen und werden dann noch eine Woche von den Altvögeln gefüttert.

Links: *Trotz seines leuchtend orangefarbenen Gefieders, der abwechselnd schwarzen und weißen Flügelbinden und des auffallenden Schopfes bekommt man den Wiedehopf nicht so einfach zu Gesicht, denn er ist ein scheuer Vogel.*

Wendehals *Jynx torquilla* Größe 16 – 17 cm

Dieser ungewöhnliche Verwandte der Spechte besitzt eine äußere Erscheinung wie kein anderer Vogel. Hinzu kommt seine seltsame Gewohnheit den Kopf wie eine Eidechse oder eine Schlange von einer Seite zur anderen zu drehen. Die Zahl der Wendehälse ist in den letzten Jahren unerklärlicherweise zurückgegangen, was vielleicht durch eine Nahrungsknappheit vor allem im nördlichen und westlichen Teil seines Verbreitungsgebietes bedingt ist. In Großbritannien beispielsweise, wo man ihn früher recht häufig antraf, brütet er heute schon nicht mehr. Auf dem europäischen Festland hingegen ist der Wendehals noch verbreitet. Hier brütet er, der eigentlich ein Waldvogel ist, auch in großen Gärten mit altem Baumbestand sowie in Obstplantagen und nimmt sogar Nistkästen an. Wie viele Höhlenbrüter legt auch der Wendehals weiße Eier. Er zieht bis zu drei Jahresbruten auf.

Links und unten: *Der Wendehals hat ein sehr eigentümliches Gefieder, dessen feine Zeichnung in Grau, Schwarz und Braun eine vollkommene Tarnung bietet, wenn der Vogel auf der Suche nach Insekten an Baumstämmen und Ästen herumklettert.*

Kleinspecht *Dendrocopos minor* Größe 14 – 15 cm

Der Kleinspecht ist nicht nur der kleinste europäische Specht, sondern auch einer der scheuesten Vögel. Am besten sieht man ihn im Winter und im zeitigen Frühjahr, wenn die Laubbäume keine oder kaum Blätter tragen und den wie ein Kleiber an den Ästen entlangrutschenden Specht nicht verbergen. Im Winter schließt er sich gelegentlich Futter suchenden Trupps aus Meisen und anderen Vögeln an.

Dieser Specht ist vielleicht auch in Ihrem Garten anzutreffen, wenn Sie auf dem Land und in der Nähe eines Laubwaldgebietes wohnen und große, alte Bäume haben, in denen Kleinspechte nisten und brüten können. Horchen Sie einmal auf das sachte Trommeln und sein helles „kikiki", doch haben Sie Geduld; diesen Vogel zu Gesicht zu bekommen, ist selten zu bewerkstelligen.

Links: *Der Kleinspecht ist ein scheuer Vogel, den man nur selten im Flug sieht.*

Rechts: *Von seinen größeren Verwandten, dem Buntspecht und dem Mittelspecht, ist der Kleinspecht leicht zu unterscheiden. Er ist viel kleiner, hat einen weiß bebänderten Rücken und nicht die großen weißen Gefiederfelder des Buntspechts.*

Schafstelze *Motacilla flava* Größe 17 cm

Die Wissenschaft ist von den genetischen Formen dieses reizvollen Vogels fasziniert, denn von der Schafstelze gibt es mehr Unterarten als von irgendeinem anderen Vogel. Die einzelnen Rassen unterscheiden sich hauptsächlich durch die Zeichnung des Kopfgefieders. Zwei davon sind Brutvögel Nordwesteuropas – die Englische Schafstelze *(M.f. flavissima)* in Großbritannien und die Mitteleuropäische Schafstelze *(M.f. flava)* auf dem europäischen Festland.

Beide Unterarten der Schafstelze haben ein Gefieder mit olivgrüner Oberseite und leuchtend krokusgelber Unterseite; das Gefieder der Jungvögel ist deutlich zurückhaltender gefärbt. Mitteleuropäische und Englische Schafstelze überwintern südlich der Sahara und treffen im April oder Anfang Mai wieder in ihren Brutgebieten ein. Sie nisten meistens fernab der Gärten und sind

Links und rechts: Die Englische Schafstelze (rechts) *hat einen olivgrünen Scheitel und ein gelbes Gesicht, während die Mitteleuropäische Schafstelze* (links) *eine graublaue Kopfzeichnung und einen weißen Augenstreif zeigt.*

am wahrscheinlichsten entweder im Frühjahr oder im Spätsommer oder Frühherbst zu sehen, wenn ihre Jungen das Nest verlassen haben.

Gebirgsstelze *Motacilla cinerea* Größe 18 cm

Die Gebirgsstelze ist jene unter den drei europäischen Stelzenarten, die man mit größter Wahrscheinlichkeit in Wassernähe antrifft. Gebirgsstelzen mögen schnell fließende Gewässer, ziehen aber besonders im Winter umher und können dann in ländlichen Gärten auftauchen. Mit Sicherheit findet man sie auch in gebirgigen Gegenden.

Die Gebirgsstelze hat einen noch längeren Schwanz als andere Stelzen. Bei der Futteraufnahme knickst sie ständig auf und ab und wippt auf typische Stelzenart mit dem Schwanz.

Gebirgsstelzen nisten meistens in Spalten von Steinmauern oder Brücken, häufig auch an Flüssen oder Teichen. Sie legen vier bis sechs Eier, aus denen schon nach elf Tagen die Jungen schlüpfen. Diese verlassen zwei Wochen später das Nest, so dass die Altvögel Zeit für eine oder zwei weitere Bruten haben.

Oben: Die Gebirgsstelze ist trotz ihres bescheidenen Namens ein schöner Vogel. Scheitel und Oberseite sind aschgrau, die Flügel schwarz mit weißen Federsäumen und die Unterseite ist in variierenden Anteilen weiß und zitronengelb gefärbt.

Seidenschwanz *Bombycilla garrulus* Größe 17 – 18 cm

Der Seidenschwanz erscheint bei uns in manchen Wintern gar nicht, in anderen hingegen in großen Schwärmen. Sein Brutgebiet liegt im borealen Waldgürtel Skandinaviens und Nordrusslands. Gibt es in Ihrem Garten reichlich Beeren tragende Büsche, lohnt es in günstigen Jahren Ausschau nach diesen Vögeln zu halten.

Seidenschwänze lassen sich sehr einfach bestimmen; sie haben ein rosabraunes Gefieder, einen Federschopf, eine gelbe und rote Flügelzeichnung, wobei das Rot wie Tropfen von Siegelwachs aussieht.

Seidenschwänze fliegen üblicherweise in Trupps, die sich im Lauf des Winters jedoch auch in Pärchen oder Einzelgänger auflösen. Sie verschlingen große Mengen von Efeu- und Zwergmispelbeeren sowie die Früchte anderer Beeren tragender Gewächse. An milden Wintertagen sieht man sie nach Art der Fliegenschnäpper nach Insekten jagen.

Unten: Im Spätherbst mancher Jahre machen sich die Seidenschwänze auf der Suche nach Beeren zu hunderten oder manchmal gar zu tausenden auf den Weg nach Westen.

Nachtigall *Luscinia megarhynchos* Größe 16 cm

Rechts: Die Nachtigall ist braun und gelbbraun gefärbt und hat einen rotbraunen Schwanz.

Dieser sagenhafte Singvogel trifft Ende April oder Anfang Mai in seinen Brutgebieten in Europa ein. Dann singen die Männchen Tag und Nacht. Die unauffällige Nachtigall lebt im Schutz von Büschen und Sträuchern, und so kommt es, dass man sie viel häufiger hört als sieht.

Bekommen Sie eine Nachtigall doch einmal zu Gesicht, werden Sie feststellen, dass es an ihrem Äußeren nichts Besonderes gibt und dass sie nur wenig größer als ein Rotkehlchen ist.

Die Nachtigall ist bei uns auf dem Festland in Auwäldern, Parks und Gärten anzutreffen. Mitunter nistet sie auch in großen ländlichen Gärten. Ihr Lied ertönt nur bis Anfang Juni, dann singt sie nicht mehr und ist nur noch sehr schwer auszumachen. Im August oder September zieht sie in ihr Winterquartier nach Afrika.

Hausrotschwanz *Phoenicurus ochruros* Größe 14 cm

Der Hausrotschwanz, ein naher Verwandter des Gartenrotschwanzes, er hat sich im Laufe der Zeit eng an den Menschen angeschlossen. Auf dem europäischen Festland bevorzugt er als Lebensraum die Umgebung kleiner Städte und Dörfer in einer eher hügeligen Landschaft mit felsigem Gelände. In Großbritannien hingegen findet man ihn hauptsächlich in Stadtgebieten. Dort nistet er gern inmitten des Lärms von Industriestandorten.

Im Flug lassen die Männchen, die dunkler und hübscher als die Weibchen aussehen, ein weißes Flügelfeld erkennen. Sie sind oftmals nur mit Hilfe ihres charakteristischen Gesangs auszumachen, der einen metallischen Klang wie von aneinander stoßenden Kugeln hat.

Rechts: Der Hausrotschwanz hat ein mehr oder weniger rußschwarzes (oder dunkelgraues) Gefieder und einen rotbraunen Schwanz, den man oftmals auf und ab schnellen sieht.

Gartenrotschwanz *Phoenicurus phoenicurus* Größe 14 cm

Der Gartenrotschwanz hält sich für gewöhnlich in Eichenwäldern und Tälern inmitten ländlicher Gebiete auf, ist gelegentlich aber auch in Gärten anzutreffen, die in der Nähe von Laubwaldgebieten liegen. Der Sommergast trifft im April oder Anfang Mai bei uns ein und zieht im Herbst wieder weg um in Westafrika zu überwintern.

Der Gartenrotschwanz nistet in Baumhöhlen oder in den Nischen von Steinmauern. Das Weibchen legt fünf bis sieben Eier, aus denen nach zwei Wochen die Küken schlüpfen. Die den Weibchen ähnelnden Jungvögel verlassen zwei Wochen darauf das Nest. Zuweilen wird dann eine zweite Jahresbrut aufgezogen.

Links: Das einfarbig graubraune Weibchen ist erst dann ohne weiteres zu erkennen, wenn man seinen leuchtend orangeroten Schwanz sieht.

Rechts: Der männliche Gartenrotschwanz mit seinem Gefieder in Rot, Schwarz und Grau ist unverwechselbar.

Dorngrasmücke *Sylvia communis* Größe 14 cm

Die Dorngrasmücke zählt zu unseren häufigsten Sommergästen. Sie gehört wie die Mönchsgrasmücke und die Gartengrasmücke zur Familie der Grasmücken. Man trifft sie in den Gärten allerdings weniger häufig als ihre Verwandten, denn sie bevorzugt gestrüppreiches Gelände mit Brombeerhecken oder Stechginster, wo sie zum Singen einen erhöhten Platz einnehmen kann.

Ende der 1960-er Jahre erlebte die Art nahezu einen Zusammenbruch, als infolge der Trockenheit in der westafrikanischen Sahelzone nur ein Zehntel der Dorngrasmücken aus ihrem Überwinterungsgebiet zum Brüten zurückkehrte. Die Art hat sich von dieser Katastrophe glücklicherweise erholt, und so ist dort, wo dieser Vogel lebt, sein raues Zwitschern jedes Jahr von April an zu vernehmen. Im Herbst kann man die Dorngrasmücke auch in Gärten antreffen, wo sie sich besonders an Beeren gütlich tut um ihre Kraftreserven für den Vogelzug aufzufüllen.

Rechts: Dorngrasmücken erkennt man an ihrer bräunlichen Oberseite und der rotbraunen Flügeloberseite.

Rechts: Die reinweiße Kehle hebt sich deutlich von der hellen Unterseite ab.

Sommergoldhähnchen

Regulus ignicapillus Größe 9 cm

Das Sommergoldhähnchen und das mit ihm verwandte Wintergoldhähnchen sind die kleinsten Vogelarten Europas. Das Sommergoldhähnchen hat eine Körpermasse von lediglich fünf Gramm, und es erscheint wie ein Wunder, dass ein so kleiner Vogel überleben kann.

Sommergoldhähnchen unterscheiden sich von ihren häufiger auftretenden Verwandten durch ihr viel bunteres Gefieder.

Auf dem europäischen Kontinent ist das Sommergoldhähnchen in den Gärten seltener als das Wintergoldhähnchen zu sehen, da es vorzugsweise in Mischwäldern brütet. Im Winter zieht es in mildere Gebiete am Wasser und taucht dort gelegentlich auch in den Gärten auf.

Rechts: Sommergoldhähnchen weisen eine charakteristische schwarzweiße Gesichtszeichnung und an den Schultern eine satte Orangefärbung auf.

Weidenmeise *Parus montanus* Größe 11 cm

Oben: Weidenmeisen nisten in Baumhöhlen, die sie in faulende Stämme oder Baumstümpfe hacken.

Die Weidenmeise, die erst gegen Ende des neunzehnten Jahrhunderts als eigenständige Art von der Sumpfmeise unterschieden wurde, tritt in Mitteleuropa stellenweise häufig als Brutvogel auf. Sie nistet bevorzugt in Mischwäldern, Weidendickichten und Bruchlandschaften, wo das Weibchen seine Nesthöhle häufig aus weichem, faulendem Holz heraushackt.

Die Weidenmeise kommt in feuchten bewaldeten Gegenden auch an die Futterhäuser, ist in den Gärten jedoch weit weniger häufig als die Sumpfmeise.

Rechts: Die Weidenmeise unterscheidet sich von der sehr ähnlichen Sumpfmeise durch ihren größeren Körper, die gedrungene Erscheinung, das helle Flügelfeld und die rußschwarze Kopfkappe, die bei ihr nicht glänzt.

Das Gelege aus sechs bis neun hellen Eiern wird bis zum Schlüpfen der Jungen zwei Wochen lang bebrütet. Wie die meisten Meisenarten zieht auch die Weidenmeise nur eine Jahresbrut auf.

Pirol *Oriolus oriolus* Größe 24 cm

Der sehr auffällige gelb-schwarze Pirol gehört sicherlich zu den schönsten Vögeln Europas. Da er scheu ist und zurückgezogen lebt, bekommt man ihn aber selbst in Gegenden, wo er recht häufig ist, nur selten zu Gesicht. Der Pirol ist auf dem europäischen Festland weit verbreitet und brütet zuweilen sogar in Gärten. Er nistet in dicht belaubten Baumkronen und flicht sein korbähnliches Nest stets zwischen gegabelten Ästen. Aus den drei bis fünf Eiern eines Geleges schlüpfen nach etwa zwei Wochen die Jungen, die nach weiteren zwei Wochen flügge sind.

Der Pirol zieht im August zum Überwintern nach Afrika und kehrt etwa im Mai in sein Brutgebiet zurück.

Rechts: Das Pirolmännchen mit seinem prächtigen goldgelben Gefieder und den schwarzen Flügeln ist unverwechselbar. Die Weibchen und die Jungvögel fallen mit ihrem hauptsächlich olivgrünen Federkleid weniger auf und können bei schlechter Sicht mit dem Grünspecht verwechselt werden.

Feldsperling *Passer montanus* Größe 14 cm

Der Feldsperling, einst ein recht bekannter Vogel in Gebieten mit viel Ackerland, kommt zum Fressen gelegentlich auch in die Gärten. Die Art hat in den letzten Jahrzehnten einen katastrophalen zahlenmäßigen Rückgang erlitten, was zum

Rechts: Schokoladenbraune Kopfkappe, heller Kragen und ein charakteristischer weißer Fleck hinter dem Ohr.

großen Teil den landwirtschaftlichen Anbaumethoden und der daraus folgenden Futterknappheit zuzuschreiben ist. Dort, wo man die Spezies noch antreffen kann, hat die Fütterung im Garten eine lebenswichtige Funktion für die Erhaltung einer gesunden Population.

Männchen und Weibchen sehen im Unterschied zum bekannteren Haussperling gleich aus und ähneln äußerlich dem Männchen dieser Spezies.

Der Feldsperling nistet in Baumhöhlen und Mauernischen, seine Brutzeit beginnt im April. Er brütet auch in Nistkästen und zieht mehrere Jahresbruten auf.

Oben: Feldsperlinge schließen sich im Winter mit anderen Sperlingen sowie mit Finken und Ammern zusammen.

Bergfink *Fringilla montifringilla* Größe 15 cm

Dieser bunte, reizvolle Fink brütet hauptsächlich im hohen Norden Europas; sein Brutgebiet überschneidet sich teilweise mit dem des Buchfinken. Bei uns tritt er vor allem als Wintergast in Erscheinung und dann zuweilen in großen Schwärmen.

Bergfinken halten sich im Winter vorzugsweise in Wäldern auf, suchen aber vor allem dort, wo sie in reicher Auswahl Samen von Bäumen finden, auch Gärten auf. Ihr Lieblingsfutter sind Bucheckern. Gelegentlich kommen sie auch ans Futterhaus.

Bergfinken ziehen üblicherweise im April in ihre nordischen Brutgebiete und kehren im September oder Oktober zum Überwintern zu uns zurück.

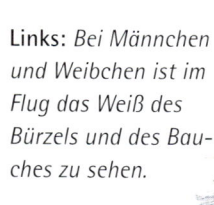

Links: Bei Männchen und Weibchen ist im Flug das Weiß des Bürzels und des Bauches zu sehen.

Rechts: Das Bergfinkmännchen hat einen dunklen Kopf, einen hellen gelblichen Schnabel und an Brust und Schulter ein auffallend orangefarbenes Gefieder. Das Weibchen ist weniger bunt.

Girlitz *Serinus serinus* Größe 11 cm

Der Girlitz, der kleinste Fink Europas, ist in den Gärten und Dörfern des ganzen Kontinents ein gewohnter Anblick. In Großbritannien hingegen ist er noch ein sehr seltener Gast, der nur gelegentlich in den südlichen Grafschaften brütet. Horchen Sie einmal auf seinen sirrenden, metallisch klingenden Gesang, den er auf einem Leitungsdraht oder einem hohen Pfosten sitzend vorträgt.

Girlitze haben sich in den letzten Jahren weiter nach Norden ausgebreitet. Bei uns brüten sie oftmals in den Koniferenhecken der Gärten. Ihre Gelege bestehen aus drei bis fünf Eiern, die bis zum Schlüpfen der Jungen zwei Wochen lang bebrütet werden. Die Nestlinge sind zwei Wochen nach dem Schlüpfen flügge.

Der Girlitz ist ein Teilzieher, der in den wärmeren Gegenden seines Verbreitungsgebietes, d.h. vor allem im Mittelmeerraum, überwintert.

Rechts: Der kleine Girlitz mit seiner leuchtend gelben Kehle und Brust ist gut von dem größeren Zeisig zu unterscheiden, der zudem einen schwarzen Scheitel und Kinnfleck hat. Die Weibchen sind weniger bunt, zeigen aber das gleiche dreiste Verhalten wie die Männchen.

Hänfling *Carduelis cannabina* Größe 14 cm

Der Hänfling war in Mischlandschaften und auf landwirtschaftlich genutzten Flächen einst ein häufiger und bekannter Vogel. In den letzten Jahren jedoch hat diese Art einen raschen und bedenklichen Rückgang erlebt – ein Schicksal, das auch viele andere Samen fressende Vogelarten teilen. Das Problem besteht in den modernen landwirtschaftlichen Anbaumethoden, bei denen auf den Flächen so gut wie nichts zurückbleibt.

Außerhalb der Brutsaison sind Männchen wie Weibchen im Wesentlichen so unscheinbar wie die berühmte „kleine graue Maus", obwohl man sie an ihrem pfeifenden Lied und dem charakteristischen Zwitschern leicht erkennen kann.

In den letzten Jahren finden sie sich regelmäßiger in den Gärten ein, die für sie eine willkommene Futteroase sind und dank derer sie das Verschwinden ihres einstigen Lebensraumes überleben können. Zur Herbst- und Winterzeit erscheinen sie häufig in Schwärmen und sind dann am besten zu beobachten.

Rechts: Das Brutgefieder des Männchens zeigt eine charakteristische Färbung – kräftig rosa an der Stirn und Flecken im gleichen Farbton an der Brust.

Birkenzeisig *Carduelis cabaret / C. flammea*

Größe 12 cm

Diese Vogelart ist neuerdings in mehrere Arten gegliedert, zu denen u.a. der in Nordwesteuropa und auf den britischen Inseln vorkommende Alpenbirkenzeisig *(C. cabaret)* und eine größere, viel hellere Spezies *(C. flammea)* in Skandinavien und Nordeuropa gehören. Letztere verlässt ihre Brutgebiete nur unregelmäßig um in Mitteleuropa und auf den britischen Inseln zu überwintern. Die Jungvögel haben noch keinen roten Stirnfleck; ihr Gefieder ist meistens gestreift und weist nur wenige arttypische Merkmale auf.

Birkenzeisige bilden im Herbst und im Winter Schwärme und schließen sich auch oftmals mit ihren nahen Verwandten, den Zeisigen, zusammen. Beide suchen ihr Futter vorzugsweise in Erlengehölzen, häufig in Wassernähe, suchen gelegentlich aber auch Gärten auf und kommen sogar an Futterhäuser und Futtergeräte. Während der Brutzeit halten sie sich am liebsten in Wäldern auf und sind dann in den Gärten nur selten zu sehen.

Rechts: Der Birkenzeisig hat einen roten Stirnfleck, der ein charakteristisches Merkmal für diese Art ist.

Kernbeißer *Coccothraustes coccothraustes* Größe 18 cm

Der Kernbeißer ist nicht nur relativ groß, sondern besitzt dazu auch einen mächtigen kegelförmigen Schnabel, mit dem er sogar Kirschkerne knacken kann. Allerdings ist der Kernbeißer nur selten zu sehen, denn er ist ein sehr scheuer Vogel, der sich hoch oben in den Wipfeln alter Bäume unseren Blicken entzieht.

Mancherorts zählen Kernbeißer zu den regelmäßigen Gartenbesuchern; dort hat man sie schon beim Fressen, beim Baden und vor allem beim Trinken beobachtet. Zum Verdauen ihrer trockenen Nahrung – neben Insekten vor allem Kerne und Samen verschiedener Laubbäume – brauchen diese Vögel nämlich viel Wasser.

Kernbeißer unterscheiden sich von anderen Gartenvögeln durch ihren mächtigen Schnabel, den dicken Kopf und die dunkle Gesichtsmaske, die ihnen einen Ausdruck steter Verblüffung verleiht. Der einzige Vogel, mit dem man ihn verwechseln könnte, ist das Gimpelweibchen, dessen Gefieder allerdings nicht so bunt ist.

Oben: *Das Gefieder des Kernbeißers ist rosabraun, grau, gelbbraun und an den Flügeln schwarz, blau und weiß.*

Goldammer *Emberiza citrinella* Größe 16 cm

Der Name dieses reizvollen Vogels ist von dessen Gefiederfarbe und von dem althochdeutschen Wort für Dinkel abgeleitet und deutet darauf hin, dass sich die Goldammer früher vor allem von Dinkelsamen ernährt hat. Die Goldammer, ein typischer Vogel ländlicher Gebiete, ist jedoch wie so viele andere Körnerfresser ebenfalls durch die moderne Landwirtschaft von vielen ihren einstigen Futterplätzen vertrieben worden. Sie ist zwar kein klassischer Gartenvogel, hat sich wie andere Finkenarten und Ammern aber inzwischen angepasst und taucht auf der Suche nach Sämereien auch in Gärten auf, wenn in der Umgebung Futterknappheit herrscht. Im Frühjahr und im Sommer können Sie den arttypischen Gesang aus mehreren gleich hohen Tönen mit einem langgezogenen Schlusston hören, der wie „zi zi zi zi zi zieh" klingt.

Links und oben: *Das Goldammermännchen ist leicht an seinem leuchtend gelben Kopfgefieder (beim Weibchen etwas matter gefärbt) sowie den braunen, schwarzen und rotbraunen Streifen am übrigen Körper zu erkennen.*

Rohrammer *Emberiza schoeniclus* Größe 15 cm

Diese hübsche Angehörige der Ammernfamilie war früher ein seltener Gartengast, ist wie einige ihrer Verwandten seit den letzten Jahren aber häufiger in menschlichen Ansiedlungen anzutreffen. Vielleicht hat Futterknappheit die Vögel gezwungen ihre Nahrung weiter entfernt von ihren typischen Lebensräumen zu suchen.

Im Winter ernährt sich die Rohrammer von Sämereien und sucht auch in Gärten, die fernab von den Schilfsäumen versumpfter Teich- und Flussufer liegen, regelmäßig Futterhäuser und Futtergeräte auf.

Links und oben:
Das Brutgefieder des Männchens (oben) ist an Kopf und Kehle schwarz gefärbt. Im Herbst und im Winter sehen Weibchen (links) und Männchen auf den ersten Blick ziemlich undefinierbar aus. Bei genauerem Hinsehen erscheint jedoch ein Vogel mit gestreiftem Gefieder, der wie ein Sperlingsweibchen aussieht, im Flug seine weißen äußeren Schwanzfedern zeigt und am Scheitel manchmal eine angedeutete Streifenzeichnung hat.

Vorüberfliegende Arten

Greifvögel

Tagaktive Raub- oder Greifvögel, die für ihre Flugkünste bekannt sind, kann man häufig dabei beobachten, wie sie im Sturzflug auf die Erde herabstoßen. Neben den typischen Gartenbesuchern (**Turmfalke** und **Sperber**) ist auch der größte Greifvogel Europas, der Mäusebussard (*Buteo buteo*), zu sehen.

Der Baumfalke (*Falco subbuteo*) ist ein kleiner, schlanker, schnell fliegender Falkenvogel, der sich im Sommer auf dem europäischen Kontinent und im südlichen Großbritannien aufhält. Er ist dunkel, ähnelt im Flugbild fast dem Mauersegler und bewegt sich außerordentlich wendig, wenn er Jagd auf Libellen und andere Insekten sowie auf kleinere Vögel wie beispielsweise Mehlschwalben macht.

Der Wanderfalke (*Falco peregrinus*), der größer als der Baumfalke ist, tritt auf den britischen Inseln in vielen Städten wieder häufiger auf und ernährt sich dort von den arglosen Tauben. Der Bestand der einst verfolgten Spezies nahm dort in den letzten Jahren zu, während er auf dem europäischen Festland seit längerem stark rückläufig ist.

Wenn Sie in der Nähe eines großen Gewässers leben, sehen Sie im Frühjahr oder Herbst vielleicht auch einmal einen Fischadler (*Pandion haliaëtus*) über Ihren Garten hinwegfliegen. Fischadler brüten u. a. in Nordeuropa und in Schottland, überwintern aber in Afrika.

Bussard
Typisch für diesen Vogel ist die braune Färbung, die gerundeten Flügel (meistens in V-Form gehalten) und die unverkennbare Silhouette.

Baumfalke
Achten Sie bei diesem Vogel auf die charakteristische dunkelblaue Oberseite, die gestreifte Unterseite und die schwarzen Gesichtszeichnungen.

Wanderfalke
Halten Sie einmal Ausschau nach dem kräftig gebauten, großen Falken mit seinen spitzen, an der Basis breiten Flügeln und der breiten Brust.

Fischadler
Dieser Vogel hat fast möwenähnliche Konturen, eine sehr helle Unterseite, im Unterschied zu den Möwen aber gespreizte Flügelenden und einen breiten schwarzen Augenstreif.

Enten, Gänse und Schwäne

Liegt Ihr Garten in der Nähe eines Gewässers, können Sie sicherlich auch Wildvögel im Flug beobachten. Manche von ihnen, insbesondere Enten, lassen sich mitunter sehr schwer bestimmen, doch bei guter Sicht müsste Ihnen das eigentlich gelingen.

Die häufigsten Entenarten, die man über menschliche Ansiedlungen und Gärten hinwegfliegen sieht, sind die **Stockente** (*Anas platyrhynchos*), die **Reiherente** (*Aythya fuligula*) und die **Tafelente** (*Aythya ferina*). Dazu können natürlich noch viele andere Arten von Schwimm- und Tauchenten kommen. Bei der Bestimmung von Entenvögeln schaut man am besten nach Flügelstreifen und anderen arttypischen Farbfeldern im Gefieder.

Die Bestimmung von Wildgänsen kann einem ebenfalls Kopfschmerzen bereiten. Die Spezies, der man mit größter Wahrscheinlichkeit begegnet, ist die **Graugans** (*Anser anser*), die in Teilen Großbritanniens und des übrigen Europa in gut entwickelten wild lebenden Populationen verbreitet ist.

Reiherente
Achten Sie auf den hellen Bauch und die weißen Flügelränder.

Tafelente
Dieser Vogel erscheint sehr hell, Kopf und Bauch sind dunkel.

Die in Nordeuropa eingebürgerte **Kanadagans** (Branta canadensis) ist heute in großen Teilen der britischen Inseln und auch in Schweden ein vertrauter Anblick. Wird dort also eine Gans im Überflug beobachtet, gehört sie mit ziemlicher Wahrscheinlichkeit dieser Art an. (Bei uns könnte sie allenfalls als so genannter Irrgast auftauchen.) Vielleicht handelt es sich aber auch um eine **Weißwangengans** (Branta leucopsis). Die Blessgans hält sich bei uns als Wintergast vor allem in den Küstengebieten auf. Die wild lebende **Nilgans** (Alopochen aegyptiacus), deren Verbreitungsgebiet sich allmählich vergrößert, ist bei uns gelegentlich auf Parkteichen anzutreffen. Man erkennt sie leicht an den breiten weißen Feldern auf ihren Flügeln.

Der vielleicht am einfachsten zu bestimmende Wildvogel ist der **Höckerschwan** (Cygnus olor). Mit seiner Größe und seinem weißen Gefieder ist er unverwechselbar, es sei denn, sie wohnen in einer Gegend, in der es zwei Arten von Wildschwänen gibt.

Kanadagans und Weißwangengans
Die verschiedenen Arten der Wildgänse sind heute viel öfter anzutreffen als früher.

Höckerschwan, Singschwan, Zwergschwan
Bei einem im Flug beobachteten Schwan kann es sich theoretisch um diese drei Arten handeln. Es ist aber viel eher der Höckerschwan, da die beiden anderen Spezies in Deutschland nur im Norden bzw. Nordwesten und da auch nur als Wintergäste zu finden sind.

Möwen

Möwen im Flug über menschlichen Ansiedlungen und Gärten sind vor allem in Küstengebieten, in der Nähe von Binnengewässern und Feldern ein alltäglicher Anblick. Selbst in Städten finden die Möwenschwärme im Winter reiche Futtervorräte in unseren Abfällen.

Die Spezies, die mit Ausnahme der Küstengebiete überall bei weitem am häufigsten vorkommt, ist die **Lachmöwe** (Larus ridibundus), die nur während der Brutzeit eine schokoladenbraune Kopfkappe trägt. Sie ist an ihrer geringen Körpergröße und an den spitzen Flügeln zu erkennen. Die **Sturmmöwe** (Larus canus) ist ein weiterer häufiger Wintergast im Binnenland. Sie ist etwas größer als die Lachmöwe und hat deutlicher abgerundete Flügel.

Sturmmöwe
Sie ist bei uns im küstennahen Binnenland vor allem im Winter relativ häufig.

Lachmöwe
Sie ist die klassische Binnenlandmöwe und vor allem außerhalb der Brutsaison ein häufiger Gartengast.

Silbermöwe
Die Silbermöwe ist bei uns ausschließlich an der Küste, selten auch an Binnengewässern zu finden.

Zu den größeren Möwen zählt die **Silbermöwe** *(Larus argentatus)* und die **Heringsmöwe** *(Larus fuscus)*, die heute im Binnenland weit häufiger vorkommen als früher. Beide Arten brüten manchmal sogar an Gebäuden in Großstädten und bleiben auch das ganze Jahr über da. Sie sind größer als Sturmmöwen oder Lachmöwen. Das Gefieder der Silbermöwe ist oberseits hellgrau und an den Flügelspitzen schwarz, während die Heringsmöwe viel dunklere, fast schwarze Flügeloberseiten besitzt. Weit seltener ist im Binnenland die **Mantelmöwe** *(Larus marinus)* zu finden. Sie ist sehr groß, hat völlig schwarze Flügeloberseiten und einen großen Kopf mit kräftigem Schnabel.

Heringsmöwe
Sie ist vor allem im Umfeld großer Städte heute immer häufiger anzutreffen.

Mantelmöwe
Diese Spezies ist die seltenste der fünf im Binnenland vertretenen Arten, ist aber trotzdem mitunter im Flug zu beobachten.

Andere Arten

Natürlich können auch andere Vogelarten, die in einer bestimmten Region ansässig sind, menschliche Ansiedlungen und die dazu gehörigen Gärten überfliegen; es wurden schon außergewöhnliche Beobachtungen von Watvögeln, seltenen Singvögeln und sogar von Seevögeln gemacht, die sich weit ins Binnenland verirrt hatten. Neben den bereits erwähnten Spezies werden Sie also höchstwahrscheinlich auch die **Flussseeschwalbe** *(Sterna hirundo)* zu Gesicht bekommen, die heute öfter im Binnenland nistet als früher, sowie die **Uferschwalbe** *(Riparia riparia)* und Singvögel wie die **Feldlerche** *(Alauda arvensis)* oder den **Wiesenpieper** *(Anthus pratensis)* beobachten können. Letztere mögen vielleicht schwer zu bestimmen sein, doch sind sie oftmals schon an ihrem Gesang zu erkennen.

Flussseeschwalbe
Dieser Sommergast ist vielleicht im Vorüberfliegen zu sehen.

Feldlerche
Sie ist heute weniger häufig als früher, doch man hört im Herbst ihr Lied, wenn sie vorüberfliegt.

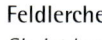

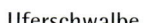

Wiesenpieper
Horchen Sie im Herbst frühmorgens auf die lange Liedstrophe „djip djip djip djil djil djil dzi dzi dzi".

Uferschwalbe
Halten Sie nach ihr im März und April Ausschau, wenn sie zum Brüten zurückkehrt.

Vogelfreundliche Pflanzen

Das Aussuchen von Pflanzen, die Vögel in Ihren Garten locken sollen, ist keine exakte Wissenschaft, denn die Meinungen darüber, welche Pflanze sich am besten für welche Vögel eignet, stimmen keinesfalls immer überein. Die Auswahl wird außerdem von der Bodenqualität in Ihrem Garten, von den ortstypischen Witterungsverhältnissen sowie von Größe und Form des Gartens bestimmt.

Möglicherweise haben Sie auch noch andere Entscheidungen zu treffen, beispielsweise darüber, welcher Teil des Gartens für die wilde Natur und welcher für eine offene Rasenfläche sowie für Blumenbeete reserviert werden soll und ob Sie eine vollständige Umgestaltung oder nur ein paar „kosmetische" Eingriffe vornehmen möchten.

Ein typischer Garten besteht aus mehreren zusammenhängenden Miniatur-Lebensräumen – aus Rasen, Blumenbeeten, Gesträuch und hohen Bäumen. Dazu kann auch ein Gartenteich und ein Stück wilde Natur gehören; wenn diese Elemente in Ihrem Garten noch fehlen, wollen Sie sie vielleicht neu schaffen.

Es empfiehlt sich auch einmal zu prüfen, welche Pflanzen bereits in Ihrem Garten wachsen und wie vogelfreundlich diese sind. Urteilen Sie dabei nach folgenden Kriterien:

- Liefert direkt Futter für die Vögel (z. B. Samen, Beeren, Früchte);
- zieht Insekten und Wirbellose als Nahrung für die Vögel an;
- bietet den Vögeln einen geschützten Schlafplatz;
- bietet Nistmöglichkeiten.

Ideal wäre es eine Reihe unterschiedlicher Gewächse zu unterschiedlichen Zwecken zu pflanzen und sich dabei hauptsächlich (doch nicht ausschließlich) auf einheimische Arten zu konzentrieren, da diese die meisten Insekten anlocken. Auf einer Eiche beispielsweise leben mehr als 300 verschiedene Spezies von Insekten und wirbellosen Tieren, wogegen ein importiertes Gewächs vielleicht nur einer Hand voll Arten Lebensraum bietet.

Versuchen Sie es mit einer Kombination aus verschiedenen Pflanzen, also aus größeren Bäumen und Heckenpflanzen (falls Ihr Garten dafür groß genug ist), Beeren tragenden Büschen und Sträuchern, Kletterpflanzen, in denen die Vögel ihre Nester bauen können, Samen tragende Blühpflanzen und möglichst mit

einer Ecke, in der Sie der wilden Natur ein bisschen freien Lauf lassen.

Schaffen Sie in Ihrem Garten nach Möglichkeit unterschiedliche Ebenen, die auf die mannigfaltigen Vogelarten und deren Fressverhalten abgestimmt sind. Spezies wie die Heckenbraunelle suchen ihr Futter meistens am Boden oder in einem flachen Blumenbeet. Die Mönchsgrasmücke hingegen frisst gern an einer erhöhten Stelle, d.h. mindestens einen Meter über dem Boden.

Schwierig wird es, wenn Sie nicht ausreichend Platz im Garten haben, weil Sie beispielsweise in der Stadt wohnen. Mit etwas Phantasie können Sie die verfügbare Fläche jedoch nach oben erweitern, indem Sie Klettergewächse pflanzen.

Die meisten dieser Pflanzen gedeihen im „typischen" Garten, sind vielleicht aber nicht für Grundstücke in ungewöhnlicherer Lage geeignet. Befindet sich Ihr Garten in höheren Lagen oder an der Küste oder ist er schutzlos Wind und Wetter ausgesetzt, müssen Sie robuste, auf den Standort abgestimmte Pflanzen aussuchen. Für eine Windschutzpflanzung, die Sie bei Bedarf unbedingt anlegen sollten, sind nicht einheimische schnell wachsende Pflanzen besser geeignet als einheimische Arten.

Links und oben: Das einheimische Geißblatt (oben) und der nicht einheimische Sommerflieder (links) können als gute Futterlieferanten zusammen gepflanzt werden.

Rechts: Eine klassische Szene im Herbst – eine Blaumeise im Weißdornstrauch.

Bäume und Hecken

Ein großer alter Baum wie beispielsweise eine Eiche ist für einen Garten zwar etwas sehr Nützliches, doch seien wir ehrlich: Falls in Ihrem Grundstück so ein Prachtstück nicht schon steht, müssen Sie nach dem Pflanzen einer Eiche ziemlich lange warten, ehe deren Nutzen wirklich zu spüren ist. Doch auch kleinere Bäume wie Weide oder Erle haben für die Vögel ihr Gutes und wachsen zudem vergleichsweise schnell. Apfelbäume und andere Obstgehölze wachsen ebenfalls rasch; sie ziehen nicht nur Insekten an, sondern liefern im Herbst auch noch wohlschmeckende Früchte.

Hecken sind nicht nur ein ausgezeichneter Lebensraum für Vögel, sondern auch ein reizvolles Gestaltungselement. Gute Heckenpflanzen sind Liguster und Lorbeer sowie Zypressen, die besonders von Grünlingen und vielen anderen Vögeln bevorzugt werden, denn sie bieten reichlich Schlaf- und Nistplätze. Nehmen Sie beim Pflanzen einer Zypressenhecke jedoch auch Rücksicht auf die Interessen Ihrer Gartennachbarn.

Verzichten Sie nach Möglichkeit auf Ziergewächse wie etwa die Zierkirsche, denn diese locken nur wenige Insekten an.

Apfelbaum *(unten)*

Vom Apfelbaum gibt es zahlreiche Kultursorten, deren Früchte nicht nur uns, sondern auch den Vögeln schmecken. Außerdem ziehen die Blüten der Obstbäume im Frühjahr Massen von Insekten an, die ein ideales Futter für hungrige Nestlinge sind.

Erle *(unten)*

Erlen sind für viele Vogelarten, besonders für Zeisig und Birkenzeisig, die sich im Frühjahr an den Kätzchen und zur Herbst- und Winterzeit an den Samen gütlich tun, eine beliebte Nahrungsquelle. Erlen gedeihen am besten am Ufer fließender Gewässer.

Zypresse *(oben)*

Um die gefürchtete Leyland-Zypresse gibt es zwischen Nachbarn mehr Streit als um jede andere Gartenpflanze, denn sie wächst unglaublich schnell und wirft ihren großen Schatten schon nach kurzer Zeit auf das Nachbargrundstück. Diese Schnellwüchsigkeit hat jedoch auch ihren Vorteil, wenn Sie in Ihrem Garten für die Vögel rasch einen geschützten Platz zum Übernachten und Nisten schaffen wollen.

Weißdorn *(oben)*

Der Weißdorn oder Hagedorn eignet sich sehr gut für die Einzel- und auch für die Heckenpflanzung. Seine Blüten locken im Frühjahr und Sommer Unmengen von Insekten an, und im Herbst bringt er reichlich Beeren, die alle Arten von Vögeln, darunter Drosseln, Tauben und, wenn Sie Glück haben, sogar Seidenschwänze in Ihren Garten holen.

Eiche *(rechts)*

Die Eiche ist mehr oder weniger der ideale Platz nicht nur für Vögel, sondern auch für andere wild lebende Tiere. Sie zieht Unmengen unterschiedlicher Insektenarten und anderer Wirbelloser an – vor allem Raupen, mit denen die Altvögel ihre Jungen und auch sich selbst ernähren können. Eine Eiche bietet zudem Spechten und anderen Höhlenbrütern viel Platz zum Nisten. Im Herbst erfreuen sich Eichelhäher und Kleiber an den reichlich anfallenden Eicheln. Wer einen solchen Baum im Garten hat, kann sich glücklich schätzen.

143

Büsche und Sträucher

Büsche und Sträucher sind ein ausgezeichneter Lebensraum für Gartenvögel, denn dort finden die Tiere nicht nur viel Futter, sondern auch Schutz, Schlaf- und Nistplätze. Im Handel finden Sie hunderte Arten, darunter Zwergmispel und Berberitze (Beerenlieferanten), Besenginster und Schneeballstrauch. Bei Gärtnern und Vögeln gleichermaßen beliebt sind Sommerflieder, Holunder, Feuerdorn und Stechpalme.

An vielen dieser Pflanzen finden die Vögel Futter je nach Jahreszeit – Insekten, die im Frühjahr die Blüten umschwärmen, und Beeren im Herbst.

Beeren liefern in einer Jahreszeit, da andere Nahrungsquellen immer rarer werden, die so wichtige Energie; sie sind als Futter besonders bei Drosseln, Tauben, Staren und verschiedenen Grasmückenarten beliebt. Die Vögel finden hier nicht nur einen reichlich gedeckten Tisch, sondern sorgen ihrerseits für die Verbreitung der Samen.

Sommerflieder *(oben)*

Dieser Strauch wird völlig zu Recht auch Schmetterlingsstrauch genannt, denn im Sommer locken seine großen Blütenrispen neben einer großen Vielfalt anderer Insekten auch zahllose Schmetterlinge an – den Kleinen Fuchs, das Tagpfauenauge, den Admiral, den Distelfalter u. a. Das wiederum heißt, dass die Meisen reichlich Raupen finden, mit denen sie ihren hungrigen Nachwuchs füttern können. Sommerflieder liebt die Sonne und wächst auf den meisten fruchtbaren Böden. Der Strauch kann sehr schnell wachsen, muss also auch verschnitten werden.

Holunder *(oben)*

Der Holunder gehört zu den bekanntesten einheimischen Sträuchern und ist nahezu überall in Wildhecken zu finden. Für die Vögel ist er eine wahre Fundgrube, denn im Sommer zieht er mit dem Nektar seiner Blüten Insekten an und im Herbst hängt er voller Schirmrispen mit saftigen schwarzvioletten Beeren. Diese Beeren locken vor allem Amseln und andere Drosselvögel an und sind auch für Ringeltauben immer ein Leckerbissen. Hier scheint sich eine Blaumeise für die Früchte zu interessieren. Der Großstrauch bietet jedoch nicht nur Futter, sondern auch Nistgelegenheiten für die Vögel, und schließlich profitieren auch wir von ihm, denn aus seinen Blüten und Beeren lässt sich köstlicher Wein herstellen.

Feuerdorn *(links)*

Die verschiedenen Arten dieses exotischen Gartengewächses tragen im Herbst und im zeitigen Winter zahllose gelbe oder orangefarbene Früchte, die Drosselvögel (Amseln, Wacholderdrosseln, Rotdrosseln), Ringeltauben und, wenn Sie Glück haben, auch Seidenschwänze in Ihren Garten locken.

Stechpalme *(rechts)*

Die klassische Pflanze der Weihnachtszeit in Großbritannien hat auch ihr Gutes für die Vögel, denn ihre Früchte reifen später als die vieler anderer Gewächse und stehen den Vögeln im Spätherbst und im Winter, wenn die Futtersuche am schwierigsten ist, als Nahrung zur Verfügung. Zudem gibt das dichte immergrüne Laub der Stechpalme den Vögeln ausreichend Schutz zum Übernachten und zum Nisten. Besonders die Misteldrossel liebt die roten Kugelfrüchte; sie verteidigt einen Stechpalmenstrauch oftmals den ganzen Winter über gegen alle möglichen Konkurrenten und verjagt jeden Vogel, der den Versuch wagt etwas von dem kostbaren Gut zu stibitzen. Wenn Sie Glück haben, können Sie eine solche faszinierende Szene auch einmal in Ihrem Garten beobachten.

145

Blühpflanzen

Vögel lieben blühende Pflanzen genau so wie wir. Ihnen geht es dabei allerdings nicht um die Ästhetik, sondern um das wertvolle Futter – Nektar und Samen. Blühpflanzen haben außerdem den Vorteil, dass sie Unmengen von Insekten und Raupen anlocken, die die Blau- und Kohlmeisen sowie andere Vogelarten als Atzung für ihre Jungen brauchen.

Suchen Sie für Ihren Garten am besten einheimische Arten wie Fingerhut, Schlüsselblume und wilden Mohn aus; doch auch nicht einheimische Pflanzen ziehen Insekten an und bilden Sa-

men, der den Vögeln als Nahrung dient. Ein Favorit bei den Gärtnern und den gefiederten Gartenbesuchern ist die Sonnenblume mit ihren großen gelben Blütentellern und den vielen Samen.

Kornblume *(unten, Hintergrund)*
Diese einjährige Pflanze wächst rasch und sieht vor allem dann großartig aus, wenn Sie den Samen in ein sonniges, gut drainiertes Blumenbeet säen. Die Kornblume zieht mit ihren Blüten unzählige Insekten an und bildet später Samen, die gern von Meisen und Finken gefressen werden.

Klatschmohn *(oben, Vordergrund)*
Die klassische rote Mohnblume ziert die Blumenbeete von Mai bis Juli mit ihren auffallend gefärbten Blüten, die vielen Insekten Nahrung bieten. Ihre Samenkapseln sind besonders für Finken und Sperlinge eine ausgezeichnete Nahrungsquelle.

Lavendel *(links)*
Den Lavendel gibt es in mehreren Arten, die alle den charakteristischen, bei Aromatherapeuten so beliebten Wohlgeruch verbreiten. Auch Insekten, insbesondere Bienen und Schmetterlinge, lieben diesen Duft. Die Samenstände locken im Herbst Finken an.

Sumpfdotterblume *(oben)*

Diese hübsche mehrjährige Staude gedeiht am besten am Rand eines Teiches, wo sie im Frühjahr – bei günstigem Wetter schon im April – Büschel leuchtend goldgelber Blüten hervorbringt. Sie braucht sumpfigen Boden oder sehr flaches Wasser.

Schlüsselblume *(oben)*

Diese weit verbreitete Wildblume wurde lange kultiviert und an die Existenz in unseren Gärten angepasst. Sie bildet reizvolle gelbe Blütenbüschel, die besonders hübsch im Steingarten aussehen. Im Frühjahr zieht sie die üblichen Insekten an, und im Herbst finden sich viele Finken und andere Vögel ein um die Samen zu fressen. Die Kulturformen haben unterschiedliche Blütenfarben.

Wiesenbutterblume *(oben)*

Die klassische Wiesenblume, ein Anziehungspunkt für alle Arten von Kleininsekten, blüht von Frühjahr bis Herbst und sorgt in dieser Zeit im Garten stets für gelbe Farbtupfer. Das sieht besonders schön aus, wenn Sie in einem Teil Ihres Gartens einfach eine Heuwiese wachsen lassen.

Sonnenblume *(oben)*

Diese riesige, prächtig anzuschauende Pflanze ist ein echter Favorit bei den Samen fressenden Vögeln. Sie wächst unglaublich schnell und ist die ideale Blume, wenn man Kinder für die Freuden des Gärtnerns begeistern will. Die großen gelben Blütenblätter und der dunkle Blütenkorb ziehen Unmengen von Insekten an. Nach der Blüte können Sie die Blütenköpfe ernten, die Sonnenblumensamen für Ihre gefiederten Gäste liefern.

Kletterpflanzen

Kletterpflanzen wie Waldrebe, Geißblatt, Efeu, Kletterhortensie und auch Weinreben haben drei Vorteile, besonders wenn Ihr Garten nicht allzu groß ist: Erstens wachsen sie relativ schnell und entwickeln sich in kurzer Zeit zu einem festen Bestandteil des Gartens; zweitens bieten Sie vor allem nistenden Vögeln Schutz und drittens sehen sie großartig aus. Geißblatt und Efeu tragen Früchte, alle anderen schmücken sich im Frühling und im Sommer mit hübschen Blüten, die Insekten anziehen.

Waldrebe *(unten)*

Die Waldrebe ist schon immer eine Lieblingspflanze der Gärtner gewesen, und das aus gutem Grund. Sie wächst schnell, bedeckt rasch ganze Mauern und Zäune und sieht auch schön aus, wenn sie nicht blüht. Auch die Vögel mögen sie – besonders Amseln und all jene Arten, die einen geschützten, abgeschiedenen Platz zum Nisten brauchen.

Geißblatt *(oben)*

Ein weiterer Favorit der Gärtner und auch der Vögel ist das Geißblatt. Sein Blütennektar zieht Insekten an, und so finden Kleinvögel wie die Grasmücken an der Pflanze außer Nektar auch Insekten als Nahrung vor. Die Beeren sind ein ausgezeichnetes Futter für die Grasmücken, die sich auf den Vogelzug vorbereiten, und dienen später auch noch Finken und Drosseln als Nahrung.

Efeu *(rechts)*

Efeu gibt es in zahlreichen Arten, die sämtlich wahre Künstler im Erklimmen von Bäumen, Mauern und Zäunen sind und den Untergrund mit ihrem dichten Laub bedecken. So entsteht beispielsweise für den Zaunkönig und für andere nistende Vögel ein ideales Versteck. Die Blüten locken im Herbst viele Insekten an, und die Früchte sind im Winter für Drosseln und andere Beerenfresser eine willkommene Nahrung.

Rasenflächen

Rasenflächen und Steingärten sind genau wie Gesträuch und Blumenbeete ausgezeichnete Futterplätze für Vögel. Drosseln, Amseln, Stare und Bachstelzen stochern und picken mit besonderer Vorliebe im kurzen Gras herum, und vielleicht kommt sogar einmal ein Grünspecht vorbei um auf Ihrem Rasen nach Ameisen zu suchen.

Für die Vögel, die ihre Nahrung am Boden suchen, können Sie etwas tun, wenn Sie einen Teil Ihres Rasens in eine Wildblumenwiese verwandeln. Lassen Sie das Gras einfach höher als üblich wachsen und säen Sie wilde Wiesenblumen dazwischen.

Unten: Wenn Sie auf dem Land leben, wird Ihr Rasen vielleicht zum bevorzugten Futterplatz der Fasane (hier ein Fasanenweibchen).

Ein Stück wilde Natur

Wenn Sie mutig sind, überlassen Sie einen Teil Ihres Gartens der wilden Natur. Das heißt nicht, dass Sie einfach untätig bleiben und die Fläche verwildern lassen, sondern es schließt harte Arbeit und gute Planung ein, damit Sie mit dem Ergebnis zufrieden sein können.

Für viele Gärtner bedeutet das auch, dass sie ihr Vorurteil gegenüber „Unkräutern" wie Karde, Brombeere, Brennnessel und Löwenzahn in Frage stellen müssen.

Brombeere *(oben)*

Die Brombeere gehört zwar nicht unbedingt zu den reizvollsten Gartenpflanzen, doch sie bietet nistenden Heckenbraunellen und anderen Arten guten Schutz, und ihre Früchte sind im Herbst für hungrige Dorngrasmücken, Amseln und Singdrosseln eine willkommene Mahlzeit. Falls die Vögel etwas übrig lassen, können Sie einen schönen Kuchen backen oder sogar Konfitüre für den Winter kochen, die Sie an die Vögel im Herbst erinnert.

Brennnessel *(links)*

Im Garten Brennnesseln wachsen zu lassen, erscheint manchem Grundstücksbesitzer sicherlich etwas verrückt. Dabei finden die Vögel gerade an diesen Pflanzen viele Raupen und kleine Insekten und können sich im Herbst von den reichlich vorhandenen Samen ernähren. Lassen Sie die Brennnesseln in einer Gartenecke wachsen, die Sie nicht ständig vor Augen haben. Für den Fall, dass Sie sehr empfindlich sind oder kleine Kinder haben, die sich an den Nesseln „verbrennen" können, gibt es seltene Arten, deren Blätter bei Berührung keinen Juckreiz hervorrufen.

Wiesenkerbel *(rechts)*

Dieses 60–150 cm hohe Kraut zeigt von Ende April bis Anfang Juli eine verschwenderische Fülle weißlicher Blütendolden. Aus den Blüten entwickeln sich kleine Früchte, die von Vögeln gern gefressen werden.

Karde *(oben)*

Die Karde ist eine klassische Pflanze an Ufern und Wegrändern. Ihre schönen stacheligen Samenstände werden besonders vom Stieglitz geschätzt. Dieser Vogel besitzt einen sehr spitzen Schnabel, mit dem er die Samen aus ihrer stacheligen Umhüllung herauspicken kann. Wenn Sie also im Herbst recht viele seiner Artgenossen bewirten wollen, lassen Sie in Ihrem Garten auch Karden wachsen.

Schafgarbe *(oben)*

Diese hübsche Pflanze findet man nicht nur überall an Wegrändern, Feldrainen und in Wiesen. Sie wächst auch in Gärten und bevorzugt dort sonnige Stellen und gut durchlässigen Boden. Die Samen sind eine ausgezeichnete Nahrung für Meisen, Sperlinge und Finken. Im Frühjahr ziehen die Blüten Unmengen von Insekten an.

Adressen des NABU-Bundesverbandes:

NABU-Bundesgeschäftsstelle
Herbert-Rabius-Straße 26
53225 Bonn
Ruf: 0228-40360

NABU-Bundesvertretung Berlin
Invalidenstraße 112
10115 Berlin
Ruf: 030-2849840

Naturschutzjugend
Postfach 301045
53190 Bonn
www.NAJU.de
Ruf: 0228-4036190

NABU-Institut für Vogelschutz
Goosstroot 1
24610 Bergenhusen
www.NABU.de/bergenhusen
Ruf: 04885-570

NABU-Projekt Rügen
Rugardstraße 9 c
18528 Bergen
Ruf: 03838-209710

Institut für Ökologie und Naturschutz
Bergerstraße 108
16225 Eberswalde
Ruf: 03334-237358

NABU-Wasservogelreservat Wallnau
23769 Westfehmarn
www.NABU-Wallnau.de
Ruf: 04372-1535

NABU-Naturschutzakademie Gut Sunder
Gut Sunder
29308 Winsen
www.NABU-Akademie.de
Ruf: 05056- 97010

NABU-Zentrum Blumberger Mühle
Blumberger Mühle 2
16278 Angermünde
www.Blumberger-Muehle.de
Ruf: 03331-26040

Kranich-Informationszentrum
Lindenstraße 27
18445 Groß Mohrdorf
www.Kraniche.de
Ruf: 038323-80540

Adressen der NABU-Landesverbände:

NABU Baden-Württemberg
Tübinger Straße 15
70178 Stuttgart
www.NABU-BW.de
Ruf: 0711-966720

NABU-Partner Bayern
Landesbund für Vogelschutz
Eisvogelweg 1
91161 Hilpoltstein
www.LBV.de
Ruf: 09174-47750

NABU Berlin
Hauptstraße 13
13055 Berlin
www.NABU-Berlin.de
Ruf: 030-9864107

NABU Brandenburg
Lindenstraße 34
14467 Potsdam
www.NABUbrandenburg.de
Ruf: 0331-2015570

NABU Bremen
Contrescarpe 8
28203 Bremen
www.NABU-Bremen.de
Ruf: 0421-3398428

NABU Hamburg
Habichtstraße 125
22307 Hamburg
www.NABU-Hamburg.de
Ruf: 040-69708912

NABU Hessen
Garbenheimer Straße
35578 Wetzlar
www.NABU-Hessen.de
Ruf: 06441-45043

NABU Mecklenburg-Vorpommern
Zum Bahnhof 24
19053 Schwerin
www.NABU-MV.de
Ruf: 0385-7589481

NABU Niedersachsen
Calenberger Straße 24
30169 Hannover
www.NABU-Niedersachsen.de
Ruf: 0511-9110527

NABU Nordrhein-Westfalen
Merowingerstraße 88
40225 Düsseldorf
www.NABU-NRW.de
Ruf: 0211-15925114

NABU Rheinland-Pfalz
Frauenlobstraße 15-19
55118 Mainz
www.NABU-RLP.de
Ruf: 06131-1403921

NABU Saarland
Antoniusstraße 18
66822 Lebach
www.NABU-Saar.de
Ruf: 06881-936190

NABU Sachsen
Löbauer Straße 68
04347 Leipzig
www.NABU-Sachsen.de
Ruf: 0341-2411992

NABU Sachsen-Anhalt
Schleinufer 18a
39104 Magdeburg
www.NABU-LSA.de
Ruf: 0391-5619350

NABU Schleswig-Holstein
Carlstraße 169
24537 Neumünster
www.NABU-SH.de
Ruf: 04321-53734

NABU Thüringen
Dorfstraße 15
07751 Leutra
www.NABU-Thueringen.de
Ruf: 03641-605704

Staatliche Vogelschutzwarten

Baden-Württemberg
Staatliche Vogelschutzwarte in der
Bezirksstelle für Naturschutz und
Landschaftspflege
Kriegsstraße 5 a
76189 Karlsruhe
Ruf: 0721-9264382

Bayern
Bayerisches Landesamt für Umweltschutz
Infanteriestraße 11
80797 München
Ruf: 089-92143233

Brandenburg
Staatliche Vogelschutzwarte
Rietzer See
14778 Schenkenberg
Ruf: 033207-51271

Hamburg
Staatliche Vogelschutzwarte Hamburg
Billstraße 84
20539 Hamburg
Ruf: 040-78802226

Hessen, Rheinland-Pfalz und Saarland
Staatliche Vogelschutzwarte für Hessen, Rheinland-Pfalz
und Saarland
Steinauer Straße 44
60386 Frankfurt
Ruf: 069-4201050

Mecklenburg-Vorpommern
Landesamt für Umwelt und Natur
Mecklenburg-Vorpommern
Wampener Straße
17498 Neuenkirchen
Ruf:0383-899633

Niedersachsen
Staatliche Vogelschutzwarte Niedersachsen
im Niedersächsischen Landesamt für
Ökologie
Scharnhorststraße 1
30175 Hannover
Ruf: 0511-4595333

Nordrhein-Westfalen
Landesanstalt für Ökologie, Bodenordnung und
Forsten
Leipnitzstraße 10
45659 Recklinghausen
Ruf: 02361-305420

Sachsen-Anhalt
Staatliche Vogelschutzwarte
Zerbster Straße 7
39264 Steckby
Ruf: 039244-297

Schleswig-Holstein
Staatliche Vogelschutzwarte Schleswig-Holstein
Olshausenstraße 40
24118 Kiel
Ruf: 0431-8804502

Thüringen
Staatliche Vogelschutzwarte Seebach
Lindenhof 3
99991 Seebach
Ruf: 03601-440565

Gästeliste

Regelmäßig erscheinende Arten

Graureiher *Ardea cinerea* ❏

Stockente *Anas platyrhynchos* ❏

Sperber *Accipiter nisus* ❏

Turmfalke *Falco tinnunculus* ❏

Fasan *Phasianus colchicus* ❏

Lachmöwe *Larus ridibundus* ❏

Felsentaube *Columba livia* ❏

Hohltaube *Columba oenas* ❏

Ringeltaube *Columba palumbus* ❏

Türkentaube *Streptopelia decaocto* ❏

Waldkauz *Strix aluco* ❏

Mauersegler *Apus apus* ❏

Grünspecht *Picus viridis* ❏

Buntspecht *Dendrocopos major* ❏

Rauchschwalbe *Hirundo rustica* ❏

Mehlschwalbe *Delichon urbica* ❏

Bachstelze *Motacilla alba* ❏

Zaunkönig *Troglodytes troglodytes* ❏

Heckenbraunelle *Prunella modularis* ❏

Rotkehlchen *Erithacus rubecula* ❏

Amsel *Turdus merula* ❏

Wacholderdrossel *Turdus pilaris* ❏

Singdrossel *Turdus philomelos* ❏

Rotdrossel *Turdus iliacus* ❏

Misteldrossel *Turdus viscivorus* ❏

Gartengrasmücke *Sylvia borin* ❏

Mönchsgrasmücke *Sylvia atricapilla* ❏

Zilpzalp *Phylloscopus collybita* ❏

Fitis *Phylloscopus trochilus* ❏

Wintergoldhähnchen *Regulus regulus* ❏

Grauschnäpper *Muscicapa striata* ❏

Schwanzmeise *Aegithalos caudatus* ❏

Sumpfmeise *Parus palustris* ❏

Tannenmeise *Parus ater* ❏

Blaumeise *Parus caeruleus* ❏

Kohlmeise *Parus major* ❏

Kleiber *Sitta europaea* ❏

Waldbaumläufer *Certhia familiaris* ❏

Eichelhäher *Garrulus glandarius* ❏

Elster *Pica pica* ❏

Dohle *Corvus monedula* ❏

Saatkrähe *Corvus frugilegus* ❏

Rabenkrähe *Corvus corone* ❏

Star *Sturnus vulgaris* ❏

Haussperling *Passer domesticus* ❏

Buchfink *Fringilla coelebs* ❏

Grünling *Carduelis chloris* ❏

Stieglitz *Carduelis carduelis* ❏

Zeisig *Carduelis spinus* ❏

Gimpel (Dompfaff) *Pyrrhula pyrrhula* ❏

Selten erscheinende Arten

Weißstorch *Ciconia ciconia* ❑

Rothuhn *Alectoris rufa* ❑

Teichhuhn *Gallinula chloropus* ❑

Turteltaube *Streptopelia turtur* ❑

Halsbandsittich *Psittacula krameri* ❑

Kuckuck *Cuculus canorus* ❑

Schleiereule *Tyro alba* ❑

Steinkauz *Athene noctua* ❑

Eisvogel *Alcedo atthis* ❑

Wiedehopf *Upupa epops* ❑

Wendehals *Jynx torquilla* ❑

Kleinspecht *Dendrocopos minor* ❑

Schafstelze *Motacilla flava* ❑

Gebirgsstelze *Motacilla cinerea* ❑

Seidenschwanz *Bombycilla garrulus* ❑

Nachtigall *Luscinia megarhynchos* ❑

Hausrotschwanz *Phoenicurus ochruros* ❑

Gartenrotschwanz *Phoenicurus phoenicurus* ❑

Dorngrasmücke *Sylvia communis* ❑

Sommergoldhähnchen *Regulus ignicapillus* ❑

Weidenmeise *Parus montanus* ❑

Pirol *Oriolus oriolus* ❑

Feldsperling *Passer montanus* ❑

Bergfink *Fringilla montifringilla* ❑

Girlitz *Serinus serinus* ❑

Hänfling *Carduelis cannabina* ❑

Birkenzeisig *Carduelis flammea* ❑

Kernbeißer *Coccothraustes coccothraustes* ❑

Goldammer *Emberiza citrinella* ❑

Rohrammer *Emberiza schoeniclus* ❑

Weitere Arten

. . . . ❑

. . . . ❑

. . . . ❑

. . . . ❑

. . . . ❑

. . . . ❑

. . . . ❑

. . . . ❑

. . . . ❑

. . . . ❑

. . . . ❑

. . . . ❑

. . . . ❑

. . . . ❑

. . . . ❑

. . . . ❑

Register

Die **halbfetten** Seitenangaben beziehen sich auf Abbildungen.

Danksagung

Ich möchte Lorna Sharrock vom Verlag New Holland für ihre taktvolle Lektoratsarbeit
sowie Jo Hemmings vom selben Verlag dafür danken, dass das Buch überhaupt in Auftrag gegeben wurde.
Die wunderbaren Illustrationen von David Daly sowie die Aufnahmen von David Cottridge und ein weiterer
ausgezeichneter britischer Fotograf haben das Buch zu einer schönen Ausgabe gemacht, die man nicht nur gern anschaut,
sondern die hoffentlich auch von Nutzen und interessant zu lesen ist. Ich danke auch Tim Sharrock für seine strenge und
hilfreiche Manuskriptbearbeitung.
Die Arbeit mit Charlie Dimmock und Chris Baines von der Fernsehserie *Charlie's Wildlife Gardens* des Senders BBC2
hat mir zu praktischer Bekanntschaft mit den Freuden einen Teich zu graben – oder zumindest anderen
dabei zuzuschauen – verholfen. Die Bücher und Vorträge Chris Baines' über Gartengestaltung unter der Berücksichtigung
wild lebender Tiere vermitteln mir und vielen Anderen immer wieder Anregungen. Eine weitere großartige Inspiration
ist Chris Whittles von der Firma CJ Wildbird Food, der wahrscheinlich mehr als irgend jemand sonst das Füttern
der Gartenvögel und die Fürsorge für diese Tiere gefördert hat.
Kay Moss, meine verstorbene Mutter, weckte in mir das Interesse an Gärten, und ich glaube,
dass ein Teil ihrer Liebe zu diesem Thema auch auf mich abgefärbt hat. Das gleiche gilt für Sally und John Rose,
meine Tante und meinen Onkel, deren Garten noch immer Freude und Genuss bereitet.
Meine Frau Suzanne ist mir wie immer Inspiration und große praktische Hilfe gewesen; mögen wir uns
noch sehr viele Jahre lang an unseren Gartenvögeln erfreuen.
Schließlich widme ich dieses Buch meiner verstorbenen Großmutter Edna Vale, die mir als erste beibrachte,
dass einem das Füttern der Vögel im Garten ein Leben lang Vergnügen und Freude bereiten kann.

Stephen Moss

Bildnachweis
Alle Reprovorlagen von David Daly außer den folgenden:
David Ashby: S. 30
Clive Byers: S. 64 (o), 84, 137 (Wanderfalke, Baumfalke)
Sheila Hadley: S. 38
Stephen Message: S. 139 (Flussseeschwalbe)
Wildlife Art Ltd: Cy Baker: S. 29 (o), 95; Robin Carter: S. 22, 23, 24, 25; Stuart Carter: Umschlagseite eins

Alle Fotos von David Cottridge außer den folgenden:
Richard Brooks: S. 4 (ol)
Gordon Langsbury: S. 67, 80, 101 (u)
Tim Loseby: S. 9, 10, 14, 24, 31 (o), 51, 56, 58 (o), 83
Nature Photographers: S. C. Bisserot: S. 142 (u); Frank B. Blackburn: S. 98; T. D. Bonsall: S. 59 (o);
Brinsley Burbidge: S. 148 (u), 151 (ur); Robin Bush; S. 146 (o); Colin Carver: S. 52, 74; Ron Croucher: S. 28;
Geoff du Feu: S. 96, 146 (u); Chris Grey-Wilson: S. 41; Jean Hall: S. 26 (u); E.A. Janes: S. 13 (o), 32 (u), 48;
Philip Newman: S. 55; Paul Sterry: S. 11, 26 (ol), 42 (u), 43, 49, 99 (o), 143 (ol), 148 (o), 149 (o), 150 (u);
Roger Tidman: S. 53, 59 (u); Derek Washington: S. 147 (or)
Richard Revels: S. 4 (u), 26 (or), 27 (u), 47, 99 (ul), 141 (o)
CJ Wildbird Foods: S. 6, 17, 21
Alan Williams: vordere Umschlagklappe, S. 50, 68, 73, 84, 88, 89
Windrush Photos: Bill Coster: S. 54; Gordon Langsbury: Umschlagseite zwei, S. 91;
Mark Lucas: S. 37 (o); David Tipling: S. 4 (or), 151 (ul)

Besonderer Dank gilt CJ Wildbird Food für die Bereitstellung der Fotos auf den Seiten 6, 17 und 21.